提高專注力的

最高整理術

不費力、不雜亂的斷捨離，建立超強工作效率

脳もデスクも超スッキリ！
スゴい片づけ

菅原洋平——著
張萍——譯

前言

桌面上的書籍或是文件總是亂糟糟，才剛整理完又亂成一團。

腦袋中的某個角落一直心虛地覺得：「一定要好好整理才行」……。

如果你也容易把東西弄得一團亂，有些事一定要先了解。

只要知道這些事，就能立刻把環境整理乾淨，心情也會變得舒暢愉悅，而且可以從「無法整理」的愧疚感中解放。

為什麼會立刻變得亂七八糟呢？為什麼沒辦法好好整理呢？

理由其實非常簡單。

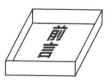

就是，**你原先的整理方法根本與你的「大腦類型」不合。**

或許不太有人知道這件事，其實依「大腦類型」不同，會有不同的整理方法。

如果覺得「自己很不會整理……」，請務必試著改變成符合自己大腦類型的行為。應該就可以快速整理好環境，並且輕鬆得令人訝異。

本書**著眼於容易把事物搞得一團亂的「大腦類型」，進一步展開且具體說明適合該類型的「整理方法」**。

採用符合個人大腦類型的方法進行整理，就能大幅改善身邊的環境，實際感受到如下的效果：

- 讓心情變得舒暢愉悅
- 讓腦袋清晰、提升效率
- 養成不需整理的習慣，增加每天屬於自己的時間
- 從「沒有好好整理」的罪惡感中解放

符合「大腦類型」的整理方法

✖ 不符合「大腦類型」的方法
→無法整理、立刻又變得亂七八糟

○ 符合「大腦類型」的方法
→立刻整理乾淨、心情也變得舒暢愉悅！

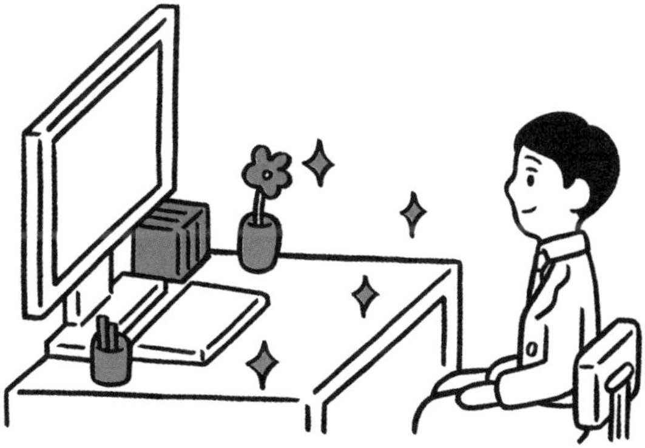

我身為一名職能治療師（註），經常幫助前來診所諮詢的患者以及在公司行號內工作的人們解決「整理」相關問題。

擁有本書預設的「大腦類型」者，直覺敏銳、一想到任何事情就會立刻付諸行動、具有超強執行力。若能善用本書內容、領會這些技巧，就可以打造出一個舒適的環境，有助提高專注力、工作效率，且可以不斷湧現創意好點子。

我的職業是職能治療師，必須思考如何解決患者因為疾病或事故，造成大腦損傷後的生活自理問題，並給予協助。這時，我們會從大腦架構等醫學面找出各式各樣的解決方案。我們在努力處理一些課題時，大腦會去尋找因應策略，這樣的表現稱之為「認知特性」。認知特性可以大致區分為「兩種類型」，其中的差異與我們的思維模式以及行為有相當密切的關係。

本書係以本人作為職能治療師的經驗以及見解，具體介紹一些方法，期望能夠幫助各位解決「整理」的煩惱。

同時也收集、介紹目前公認「這個方法最好」、反應最熱烈的「最高整理術」，希望每一個人都可以實際立刻感受到成果。

看到乾淨的桌面，心情會變得非常好，
大腦、心情都很清爽，能夠不停冒出創意好點子。

只要擁有這樣的環境，就能擁有滿滿的能量。
請了解最適合自己大腦的方法，打造出最佳的環境。
本人在此衷心為你的挑戰加油打氣。

菅原洋平

註：職能治療師，使用具有治療目的性的各種活動，來訓練、改善病人的失能狀態。

目錄

序章

我知道了！愈來愈順手的「整理方法」

分辨「大腦類型」，輕鬆進行整理！

第一章

先搞清楚「大腦的癖好」，運用在整理上！

散亂是因為「直覺」非常靈敏

第二章

用這個方法告別堆疊、亂放、囤積

為什麼會散亂？大腦告訴你！

第三章

善用「九宮格工作術」，讓大腦獲得成就感！

讓整理突飛猛進的「秘密武器」

第四章

符合大腦模式的斷捨離，不知不覺整理乾淨！

快速學會整理

第五章

工作的「5S攻略法」

專注力up！工作效率大大提升

第六章

打造專屬環境，不斷冒出好創意！

整理大腦的資訊

第七章

準備好，隨時都能起飛！100%運用個人直覺的秘訣

序章

分辨「大腦類型」，輕鬆進行整理！

我知道了！愈來愈順手的「整理方法」

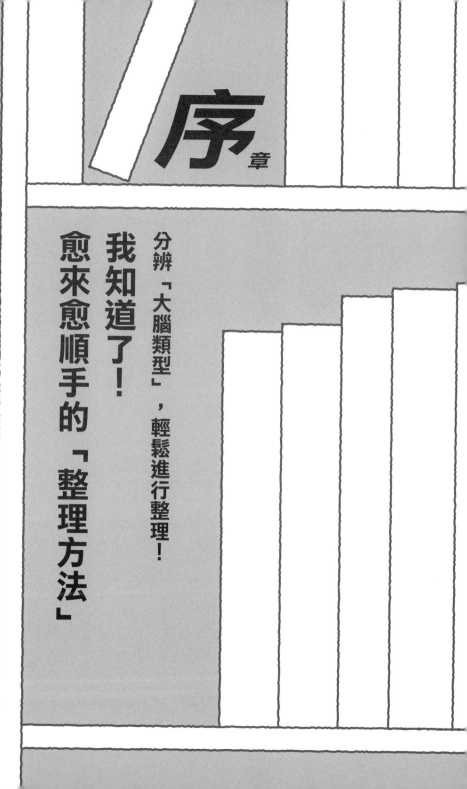

1

整理起來又好又輕鬆的三大方法！

很會整理的人、不擅整理的人——。

其中的差異，取決於是否能夠使用符合自己「大腦類型」的方法。

大腦的「認知特性」有兩種類型，對某種類型很受用的方法，往往不適用於另一種類型。

關於「大腦類型」的細節容我們後續再談。

首先，針對擁有本書預設的「大腦類型」者，也就是**「容易散亂的人」以及「覺得整理東西很痛苦的人」，在我們建議的整理方法中有一些「成功重點」。**

作法相當簡單，只要做到以下三點即可。

①擁有「整理目標」
②輕鬆、簡單、有趣！
③目標是達到不需整理的狀態

如何？是否覺得好像可以辦得到呢？

這種方法之所以有效是因為大腦的「某種特徵」。

為了活化大腦的強項，我們必須先知道自己的「大腦類型」，並且掌握特徵。不僅是針對「整理」，在提升工作效率上也有很大的幫助。

28頁有「大腦類型」的測驗題目。請務必在閱讀完本單元後，前往測驗。

那麼，請各位詳細閱讀以下三大重點。

成功的重點① 擁有「整理目標」

✕ 把整理這件事情本身當作目標

〇 為了達到某個目標而著手整理

「只要開始整理，就一定要徹底執行」，如果用這種態度進行，結果幾乎都不會太順利。比起把整理這件事當作目標，「為了達到某個目的而整理」更能夠讓人有動力執行。

整理這件事，說穿了可以把它想成是「為了更有效率達到目標的一種手段」。例如，可以把「整理」理解成是要達到「為了有效率地工作」「為了能舒適生活」「為了打造出容易產生好點子的環境」等目標的最佳方法。

明確「整理目標」，透過這點，就可以朝「自己想要的狀態」前進，而非別人已預備好的「應有的狀態」。

擁有「整理目標」

Check 擁有「整理目標」，進展驚人！

成功重點② 輕鬆、簡單、有趣！

✕ 學習整理的方法，依循規則

○ 掌握整理技巧，自由搭配使用

你是否特別重視「有趣」的事物呢？你的大腦其實可以享受自由思考的樂趣，同時發揮處理事情的本領。

請務必試著採取「輕鬆、簡單、有趣！」的精神。

參考市面上「整理術」或是「收拾」相關書籍時，必須特別注意。因為書中介紹的方法，如果不符合你的「大腦類型」，將無法順利進行。

為了不要背負「都還沒整理好」「自己真糟糕」這種罪惡感，**必須提醒自己「從這些方法中找出優點，以自己的方式，開心搭配組合！」就會發現整理變得非常順利。**

只要掌握訣竅，也可以自創流派

Check **適當參考教戰手冊。**
輕鬆運用創意訣竅♪

成功重點③ 目標是達到不需整理的狀態

✕ 養成整理的習慣，每天實行

○ 養成不需要整理的行為

想像一下自己每天努力打掃乾淨的畫面，雖然很理想，但感覺難以持續。比起養成整理習慣，我們想要建議各位的模式是養成「不需要整理的行為」。事實上，若能確實執行，整理也不過是一瞬間的事。

比如，只要改變日常文件的堆放方式，就不會累積到處理不完。**左側放置尚未處理的文件、右側放置已處理的文件，像這樣分割空間，確實讓大腦看見。**只要達到這種程度，就可以命令大腦順利進行一些動作。**打造一個讓大腦容易理解的環境，即可用最少的力氣，有效率地完成工作。**本書將嚴選並介紹一些方便的小訣竅。

目標是達到不需要整理的狀態！

2

你的「大腦類型」是什麼？

我們每天都必須處理一些課題。

做早餐、整理頭髮、化妝、搭車等看似不用特別思考的事情，其實都是大腦的功課。處理這些課題時，大腦會提出的策略有兩大類型。

分別是「並列處理型」與「系列處理型」。這些是根據大腦認知特性來區分的名稱，「並列處理型」（simultaneous）是同時處理；「系列處理型」（successive）是逐步依序處理。

簡單來說，「並列處理型」與「系列處理型」的特徵是：

並列處理型在「建立關聯性能力」方面特別優異，擅長在腦內將一些無形的事物進行「視

覺化」。

系列處理型則在「邏輯性思考」方面特別優異，會根據記憶整理資訊的因果關係、依序進行說明。

兩者沒有優劣之分，僅在強項上有差別。

覺得自己不擅長整理的人，大腦類型通常是「並列處理型」。

掌握這種大腦的特徵，可以發現這種大腦類型的優點是，善於從各式各樣的事物中挖掘獨特的共通點、賦予關連性。

由於會不斷冒出一些不受框架限制的嶄新想法，另一方面又會依靠直覺行動，所以容易「想到什麼就想立刻去做，丟下手邊的工作」，有中斷作業的傾向。這就是會導致散亂的原因。

如何在發揮豐富創意的同時，防止環境散亂不堪呢？

為了找到答案，讓我們更深入地理解大腦構造吧！

接下來，就讓我們實際進行測驗，找出你的大腦類型。

大腦類型分類測驗

進行職能治療的時候，如果患者是孩童，我們會藉由這些可用於判定認知特性的測驗，制定能夠適應學校教育所需的因應對策。這些也是我們成人可以充分運用的思考方式。

接下來要介紹的是以「認知特性判定測驗」為基礎所設計的「大腦類型」分類測驗。請從A或B中選出符合的答案，確認你的大腦類型。

Q1：購入新的家電產品時，會先採取怎樣的動作？

A：立刻插上電源，試用看看。

B：使用產品前，先翻閱使用說明書。

Q2：發生一些有趣的事情時，如何告訴別人？

A：「之前發生了一件……」直接從有趣的部分開始說。

B：「昨天和某某人搭電車去□□時，看到了××，我們稍微逛了一下，要回去時竟然發生了一件事……」像這樣依序說出發生的事情。

Q3：用什麼方式閱讀喜歡的書？

A：隨意翻閱一下，從覺得有趣的地方開始讀。比起前言，更傾向直接開始讀實踐篇的部分，有時也會從系列叢書的中間幾本開始讀。

B：會先從目錄等處開始讀，接著讀前言或是第一章。

Q4：如何購買食品或日用品？

A：直接去商店看看，再選購必要或是想要的物品。

B：列一張購買清單，一邊購物一邊在清單上打勾。

Q5：如何選擇禮物或伴手禮？

A：直接從「外觀」選擇有趣的或是喜歡的東西。

B：確認商品背面寫的原產地或是製造相關資訊，再行選購。

Q6：如何打開餅乾或飲料？

A：不看標示就打開。沒辦法把開口開得很漂亮，或是標示明明已經寫得很清楚「開啟時請勿搖晃」，卻還是搖晃了。

B：會先確認「開口」或是「請勿搖晃」等標示，再依指示開啟。

Q7：如何訂定旅行計畫？

A：先在心中想像想要去「海邊」還是「大自然」等，再訂定行程計畫。

B：先根據預算或是天數等條件，選出一些候選地點，再從中訂定計畫。

【結果判定】

那麼，結果如何？

你的答案是A比較多，還是B比較多呢？

如果回答「A」比較多，表示你是並列處理型。

3 正確的大腦使用法

如果你已確認自己的大腦類型是並列處理型，首先你可以這樣理解：自己的行為截至目前為止都是大腦的行動策略。接下來就來瞭解符合這種大腦類型的整理方法。

目標是要妥善使用自己的大腦。

首先，我們將「大腦特徵」以及「大腦所產生的行動傾向」，整理成三大重點。

重點① 建立關聯性的能力強

↓

建立工作的關聯性，

目標是達到一次就把工作好好完成的「效率」

從各個事物中找出獨特的共通點，串聯起來，藉此提升工作效率。這是並列處理型大腦最擅長之處。

我去拜訪某間企業時，曾發生一件事。

一名大腦類型為並列處理型的員工，在書架上擺了一個存錢筒。

通常我們認為找書時，如果有書本以外的物品擺放在書架上，會覺得被干擾而降低工作效率。

然而，那位員工卻說了一句令人相當意外的話。

「自從在書架上放存錢筒，存了不少錢喔！在儲存知識的書架上存錢，感覺上都與儲存有關。」

聽起來或許像在硬拗狡辯，但事實上，他真的存到了錢。像這種旁人不太能理解的、個人腦中建立的關聯性，經常會發生在並列處理型的大腦中。

之後我們還會再詳細說明，**這種建立關聯性的能力在「找出某些工作關聯性，並提升效率」方面，相當有幫助**。這種建立關聯性的能力可以充分運用在「整理」這項工作上。

重點②　「誤用」能力是導致「散亂的主因」
➡妥善控制「一時興起就衝動的毛病」

這種「建立關聯性」的能力，有助於打破常規框架，產生嶄新想法。然而，也會產生一些不良的作用——容易散亂。

進行某些工作的過程中，只要可以與其他工作產生關連性，並列處理就會丟下意識使用「建立關聯性」能力，而開始做其他事情，「這個或許也可以用在這項工作呢！」然後撒手不管原本正在做的事情。

當這樣的情形反覆發生，沒做完的工作與使用的物品就會被置放在原地，結果就會造成辦公桌、房間散亂。

散亂，並不是因為欠缺了什麼能力。**散亂這件事，其實是「建立關聯性」能力的副作用**。也就是說，其實是誤用了「建立關聯性」這項能力。因此，學習如何正確運用關聯性的方法，才能夠消除對於整理的煩惱。

重點③　善於視覺化、讓想像力更豐富

➡讓成果「視覺化」，透過重視「外觀」來整理

並列處理型的人，建立關聯性的能力很強，如同先前提到的「書與錢」，他們不會覺得這兩種都只是物品。一些肉眼看不見的抽象事物，也會在他們的大腦內進行視覺化，並建立關聯性。

比如，某位員工的桌上擺著英雄漫畫的主角公仔。就一般人的想法而言，會覺得這些跟工作完全沒有關係。但是當事人卻說：「這是希望自己不要只懂得防禦，還要學會主動出擊的戰鬥態度」。

「戰鬥態度」當然沒有形體可言。雖然沒有相對應的視覺形象，但是那樣的精神論卻能夠提高當事人的工作生產力，因此有時候也不得否定其效用。把一些沒有型態的事物在大腦中獨自進行視覺化，便可以將「戰鬥英雄」轉化為「用戰鬥態度去面對工作」。**視覺化作業也是並列處理型大腦的特徵**。雖然沒有實體，只是單純的想像，但這些想像卻能夠在單純的語言資訊中產生二次資訊。

在上述例子中，不僅是英雄公仔的戰鬥態度，也會增加「將瓶頸轉為機會」「處變不驚」「不放棄」「積極進取」等資訊浮現於腦海的機會。後續我們還會再詳細談論這個部分，**這種想像，可以減輕大腦中用來製造語言的系統負擔，是「大腦的節能策略」**。在提升大腦運作效率方面，是貢獻相當大的一種能力。

因此，並列處理型的大腦，可以稱作「關聯性大腦」。

關聯性會在肉眼看不到的狀態下進行「視覺化」。

如果能夠將這種能力用在正確的方向，工作以及私生活就都不會散亂。

第一章

散亂是因為「直覺」非常靈敏

先搞清楚「大腦的癖好」，運用在整理上！

1

「大腦的癖好」會表現在瑣碎的行為中

為了幫助各位客觀地確認自己的大腦型態，本節將彙整並列處理型的大腦特徵。

為什麼會覺得「整理」這件事情很棘手？為什麼無法順利「整理」？

為了找出這些問題的答案，我們必須先來探索大腦的特徵。

雖然說是要「瞭解大腦」，但其實不用想得過於複雜。

並列處理型的特徵，會在平常不經意的行為中留下痕跡。

比如，像這樣……。

- 會貼上大量標籤
- 會忽視筆記本上的格線
- 會描繪關係圖
- 會在書架上放置書本以外的東西
- 會希望先得到結論
- 不會貪戀自己過去的努力

你也有這些行為嗎？

如果覺得「沒錯！我常常這樣！」，不妨期待接下來的內容，你將可以瞭解，這些連自己都覺得不可思議的行為，其實都是有原因的。

1 會貼上大量標籤

仔細觀察並列處理型人所看的書，往往會發現書上被貼滿密密麻麻的標籤。因為使用了各種顏色，所以標籤比書還要醒目。**並列處理型的人，在某種目的下讀書時，會直覺性地在與該目的有關連的地方做記號，因此會頻繁使用標籤貼紙。**

比如，想要調查企業的生產性，讀到某本書中提到「提升員工滿意度，可以預防優秀的員工離職，最終達到提升企業生產性的結果」，他們就會在「提升員工滿意度」等相關內容處貼上標籤，表示「這就是重點」。

他們使用標籤的方式為，一旦發現與自己目的相關的內容，便貼上大量標籤。標籤數量通常直接代表他們對該書的評價。

有些人認為貼標籤的目的是「為了重新翻閱時，可以立刻找到重點」。

當那樣想的人看到書上貼有大量標籤，或許會覺得「貼那麼多標籤，重新翻閱時，還找得到重點嗎？」但是，不用替他們擔心。因為，並列處理型的人，基本上不會再去翻閱那些貼標籤的地方。

並列處理型善於在大腦內進行視覺化。當他們認為「這就是重點！」而貼上標籤，就已經將該視覺影像儲存在大腦內了，例如：**「文章右邊的確是這樣寫的，我在那裡貼過紅色標籤」，即使沒有特地重新翻閱，卻已經將該句話儲存到記憶中。**也就是說，他們已經將實際的動作影像化、保存下來了。只是藉由貼標籤的動作，把讀過的書本內容烙印在腦海裡。

Check

「用影像的方式去記憶」貼有標籤的頁面。

2 會忽視筆記本上的格線

為了方便進行專案管理，市面上有販售附有格線的筆記本。可以在左側條列式寫下事情狀況，並在筆記下方寫下結論。

並列處理型的人使用這種筆記本時，剛開始還會注意格線並好好地書寫，但是之後就不會再去管格線，而是直接使用自己獨特的書寫方式。明明就有為了讓文字整齊而印好的格線，卻會特別用斜體來強調，或是把比較重要的詞彙圈起來。就算有可以用來書寫結論的專屬欄位，卻會直接把它當成空白欄位寫入自己的筆記。

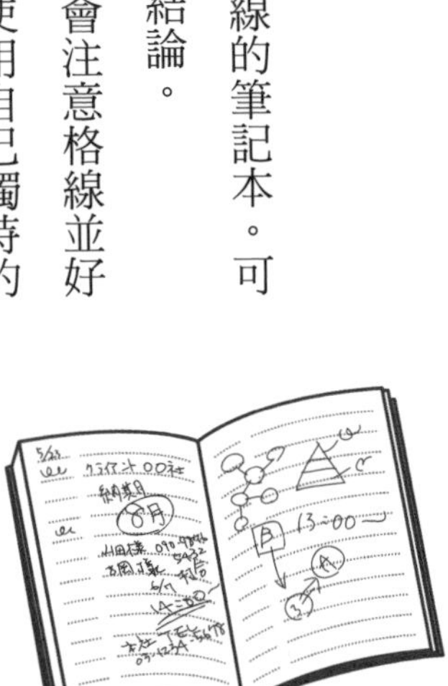

進一步理解「建立關聯性」這件事情後發現，他們會習慣把偶爾靈光乍現的事情全部記下來。

比如，你在上課時，腦中是否曾經突然浮現與老師講解的句子、發下來的講義內容毫無關係的其他問題答案，因而直接在講義右上角等處胡亂寫下筆記的經驗呢？

當然，因為是與上課內容完全無關的筆記，其他人看到也不知道是什麼意思。

建立關連性、理解的瞬間，並列處理型的人會利用這種「在筆記的角落胡亂寫下」的動作進行視覺化，並且直接記憶在腦海裡，所以不需要整整齊齊記錄下來。**必要時，他們會立即回想起「那個快速寫下筆記時的自己」以及「胡亂寫在某個角落」的情境。**

因為是用這種方式在寫筆記，當事人重新翻閱筆記本時，會覺得「啊！我當時腦子裡有閃過這些事啊！」而心領神會，但是其他人看到卻完全無法理解。所以，並列處理型的人大概從來沒有被同學借過筆記吧。因為他們的筆記根本不會記錄聽到的事實，只會記錄自己腦海中冒出的關聯性內容。

Check

比起寫下「事實」，筆記往往都只記一些「靈光乍現的內容」。

3 會描繪關係圖

若翻閱並列處理型人的筆記本，最先映入眼簾的應該是各種圖示、關係圖。

A與B的關係，會用類似A→B的感覺來表現，不是寫成文章，而是像用PPT插入圖形一樣，描繪出循環圖、階層結構、金字塔圖等。這也是一種視覺化的表現。

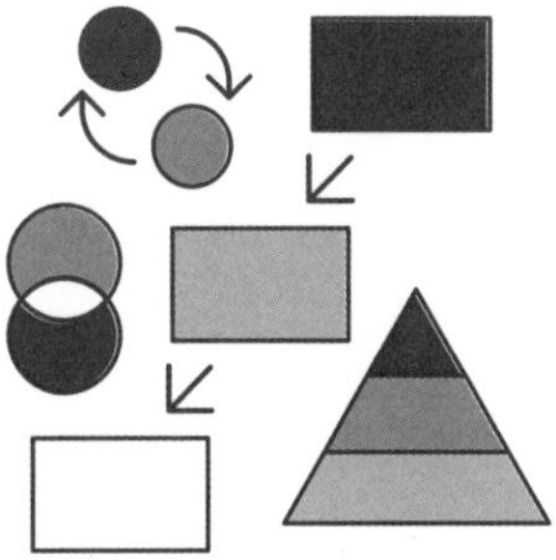

比方說，「A想要銷售進貨的商品，而將銷售作業委託給B」，對於這句話，他們理解的方式會以圖形呈現，如「A→B→顧客」。

這時，如果B針對銷售商品這件事情向A請求分潤，就會再追加一個A←B的請求箭頭；如果是A直接銷售商品，就只會用一個箭頭表示：A→顧客。用這種方式，確認腦中浮現的情境與事實是否有互相違背。因此，他們往往會描繪出很多圖。

這些內容如果沒有畫成圖，而是寫成文字，就會變成「A委託B進行銷售、B再向A請求銷售商品的分潤。但是，如果是A直接銷售時……」，顯得冗長且複雜。把上述文字內容畫成圖，就可以進行直覺式的理解。

事實上，**並列處理型的大腦之所以進行視覺化，是為了防止因為建立語言、理解而造成大腦功能性能源耗損、減輕對語言系統負擔的「節能策略」。**

再者，關係圖中可以描繪出比文字更多、更深入的事物位置關係。把關係中較上位的人畫在上方、把過去的事物畫在左方，將事物的關係配置在一個空間內，即是關係圖的特徵。這也是並列處理型之所以對空間掌控能力較為優異的原因。

Check

視覺化是預防大腦耗損的節能大作戰。

4 喜歡用手說話

並列處理型的人聚餐時總是吃得比較慢。那是因為他們會在講話時加上手勢，也就是他們經常使用肢體語言。

明明是在談論「這裡」（高舉右手，以顯示出位置）的事情，他們卻會提出「那裡」（左手往下，顯示較低的位置）的事情！讓人有一種完全搭不上線的感覺。

這種情形**表示對於「話題理解度」這種無法用肉眼看到的資訊，也會在當事人腦海裡進行視覺化。**

同樣的，他們會藉由擺手的方式表現出時間序列，剛剛講話題是在左側，現在的在正中間，接下來的話題則是在右側的感覺。把「時間」資訊轉換成「空間」資訊後再進行理解。

在自助式派對上，與並列處理型的人談話時，即使離得很遠，也可以大概猜得出來他們在講些什麼。因為他們會直覺性地進行視覺化理解，再原封不動地傳達給對方。

這些手勢有時候能夠發揮一些作用。比如想讓人對自己留下印象時。並列處理型的人相當擅長上台發表。我們知道一般人在溝通時，比起言語或是音質，肢體以及手勢等肢體語言更能夠影響對方的情緒。並列處理型的人講話時，即使不太有根據，也會自然而然地引吸他人的目光。

Check

在將「抽象概念」視覺化的同時進行理解。

5

會在書架上放置書本以外的東西

這種傾向正是會對本書主題——「整理」產生極大影響的重點行為。

觀察並列處理型人的書架，我發現了一些事情。

那就是他們通常會用書本的尺寸來分類，從大到小以階梯狀的方式陳列。或是，兩端放置尺寸較大的書本，中間放置較小本的「吊橋型」，或是也有人會採用大小尺寸交錯的「波浪型」陳列方式。

並列處理型的人，對於事物的理解會受到視覺影響，所以**非常重視「外觀」**。

一般而言，書架擺放的重點考量是「必要時，要能夠立刻找到需要的那本書」。因此，通常會依照領域來區分，或是依作者姓氏筆畫順序排列。

另一方面，**並列處理型的人，書架重視的是「讓人看了覺得很開心、會想要好好用功讀書、讓創意源源不絕的唯美陳列」**。因此，陳列時會跨領域，絕對不會按照筆畫順序。

覺得開心最重要，所以還會把書本以外的照片、存錢筒或是玩具公仔等物品也排列在書架上。系列處理型的人看到了或許會覺得「亂七八糟！」「這樣很難使用」。

我們可以從這裡窺見兩者在「整理」概念上的差異。

「並列處理型」與「系列處理型」的差異在於對「散亂」以及「整理」的評價標準不同。第二章中我們將介紹適用於並列處理型大腦的「整理概念」。

Check

藉由個別的評價標準，進行整理。

6 言行舉止的特徵

截止目前為止，我們大致看到了並列處理型在行為模式上的跡象。

接著，要注意的是他們的思維模式。

後續會做更詳細的說明，但是並列處理型的人在言行舉止上有一些明顯的特徵。主要常見的傾向有以下三點：

(1)會把「是否有趣」作為標準
(2)很愛說「絕對是這樣！」
(3)容易沮喪

你有符合上述這些特徵嗎？那麼，來看看具體的狀況吧！

2 是否察覺到自己的言行舉止有這些特徵？

接下來，終於要來探尋並列處理型的思維模式。為了擁有更客觀的觀點，我們將以不同於此類型，也就是擅長邏輯思考的系列處理型（參考27頁）「主管證詞」的形式來做說明。實話聽起來可能會不太舒服，但是請把握這個客觀、重新面對自己大腦的機會，耐心讀下去。

1 會把「是否有趣」作為標準

主管A針對並列處理型的部屬，對我描述了以下的內容。

在一些必須依照指示行動的場合，他一個出其不意的想法就能把場面搞得一團亂。前幾天，我指示部屬「訂出整理計畫」，他竟然說：「希望採取自由選位制度」，還向其他同事表示希望每天都能自由變換座位。雖然優點是在溝通技巧上很圓滑，但是要他立刻執行，卻又令人一言難盡……。比如，我只是請他做一個三角形，他可能會搞出一個像東京鐵塔那種看起來很厲害的東西。我向他說明：「沒有必要這樣子」，他又會覺得保守的主管是在否定部屬，令我感到相當困擾。

根據上述這段話，即可理解**並列處理型人的「待人接物評價標準」**。**他們的評價標準就是「有趣程度」**。愈有趣的事物，評價愈高；愈無聊的事物，評價愈低。用這種評價標準進行工作時，即使是一些不起眼的工作，他們也會努力從最新流行的角度或是問題根源去解決，提出嶄新的想法。

比如，給他們乒乓球與紙杯並要求「請想出全新的使用方法」，他們一定可以提出嶄新的想法，而且可以產出非常優秀的結果。

經常會提出比主管或客戶要求程度更高一階的「優秀工作表現」。

如果主管也是並列處理型，或許會回應「很有趣呢！那麼就早點開始進行吧！」然而，如果主管是系列處理型，結果則不會如此。

系列處理型的人，評價標準是「不要出錯」。按照預期、預定的方式進行，得到預期的結果就是「做得好」。假如部屬提出嶄新的想法，這種非預期的情況，恐怕就不會評價為「做得好」。

這是因為，不知道執行的結果是好是壞，出錯的風險比較高。

在公司或是家庭中，多數人在共同目的下進行活動時，對於該活動的良莠評價往往同時存在著「有趣程度」與「沒有出錯」。

其實沒有哪一個是正確答案。**想要在社會中發揮自己的實力，必須要有「能夠避免錯誤，同時又有趣」的技能才行。**

Check

在避免錯誤的同時追求趣味性。

2 很愛說「絕對是這樣！」

人事部長B對於部屬的提案，有以下的感覺。

雖然很有衝勁，但是我實在很擔心。詢問他提案的理由，卻提不出所以然，只會說這樣可行。我具體詢問他：「為什麼會那樣想呢？」他卻頑固地只回我一句：「絕對是這樣」。我很想告訴他：「你說的話根本毫無根據！」但是生氣也沒用，只能順著他。

並列處理型的人有個口頭禪：「絕對是這樣」。世界上並沒有絕對的事，但是如果對話的情境是在必須說服對方的狀態下，對話的內容就會變得白熱化，而使用「絕對是這樣」「大家都這樣」「一直都是這樣」等極端的武斷用語。

這種口頭禪也是因為建立關聯性、視覺化所造成。

如同先前談論過的內容，**並列處理型擁有超強建立關聯性的能力，可以找出事物獨特的**

共通點。並且會將直覺、抽象的事物進行視覺化。其中，最讓他們感到困難的是提出根據。如果要求他們明確提出根據，他們往往啞口無言。這是因為，他們的想法都是直覺式的。要說明那些想法的有效性，當然也只能以直覺的方式表現，除此之外別無他法。因此，他們經常會使用「絕對是這樣」「就決定這樣做」等語句。

再者，我們曾經提到視覺化是為了減輕語言系統的負擔。策略性地省略用言語詳細說明所需耗費的能源。因此，即使要求他們詳細說明，他們也無能為力。

其實，他們的想法也並非毫無根據，只是欠缺有說服力的說明方式而已。**並列處理型有自己專屬的證明方法」**。詳細會在第七章深入談論。

Check

以自己獨有的根據說話，才容易進行意見溝通。

3 「容易沮喪，會因為被否定而表現出被害者的樣子」

企劃主管C，對於並列處理型部屬的衝動與無禮感到困擾。

我們公司要規劃一個產品促銷活動。企劃成案時，往往有許多必須解決的問題。部屬手上那份企劃活動也是一樣的情形。我指出一些光用想像就覺得窒礙難行的部分請他修正，結果他卻把整個企劃都棄之不理。他說：「既然被說行不通，那就不要做了」。雖然我好言相勸：「還在初期階段就放棄，那就什麼都不能做了」，但是卻搞得好像是我破壞了他的想法！

這種情形可以從「並列處理型」與「系列處理型」如何理解事物的方向去處理，只要知道他們的大腦結構即可圓滿解決。詳細內容請參照59頁的專欄。

企劃主管C是系列處理型，如果資訊不足就無法完全理解。因此，聆聽他人說話時，會很自然地發現資訊不足。

Check

理解世界上有許多人與自己的評價標準不同。

另一方面，**並列處理型的部屬非常仰賴「直覺」**。只不過有一種模糊的感覺就想要提案，因而拿不出能讓每個人都信服的根據。**再者，他們的評價標準是「有趣程度」**。主管是因為資訊不足而不同意企劃，部屬卻自認為「如果想被課長接受，必須提出更有趣的企劃案才行」而意志消沉。**溝通上的差距，在於是否想要理解彼此大腦中的想法，所以需要擬定的策略也會有所差異**。這件事情說明，即使是並列處理型，如果想在社會上有所表現，也必須學會接納與自己不同的理解方式。關於這個部分我們到第七章再來探究。

我們的大腦是如何「理解」事物的？

大腦會用四種方法幫助我們理解事物。

「直覺」「替換」「整理」「規則」。

這些內容我們還會在第二章說明，在此大概談論一下。

並列處理型的人，會有頻繁使用「直覺」與「替換」的傾向。

「直覺」，如同字面上的意思，就是不管前後脈絡、突然靈光乍現。

「替換」，是將新事物替換成自己原有的知識再思考，用於理解乍看之下沒有關係的事物。

舉例來說，「無法妥善分配工作重心時，是要做到完美？還是什麼都不做呢？就像是短距離跑者要挑戰長距離慢跑一樣」。

把上述感覺，替換成是其他事物或是體驗，再進行更深入的理解。

另一方面，系列處理型的人，則會頻繁地使用「整理」與「規則」。

「整理」，是指取得某項事物從一到十的所有資訊並且理解的狀態。他們會從頭聽到尾，再消化理解。因此如果有資訊不足的部分就無法接受、不能理解。

「規則」，是找出某項事物的因果關係，從過去案例找出某種固定模式，如此便可以預測結果，縮短至理解所需花費的時間。

4 「明明還搞不清楚，卻會立刻點頭」

組長D率領整個團隊，不論如何指導，組員還是一直犯同樣的錯誤，讓他相當煩惱。

為了預防錯誤，應優先處理重要文件，不要麻煩後續接手的人，這是職場的基本原則。不過，他卻不遵守該原則，經常優先處理其他工作。即使多次要求「必須最優先處理」，他口頭上說「我知道了！」，但其實根本沒聽進去，所以不斷出錯。平常就不太聽他人講話。明明在我開始講解時就聽不懂，卻又不停點頭，很多時候我覺得他根本沒在聽。

我以「認知特性」為題進行企業內部訓練時，時常會收到這樣的諮詢：「是否有可以立即判斷對方是『並列處理型』還是『系列處理型』的方法呢？」

這個問題主要都是來自於金融機構或電信行業等從事窗口業務的人。

因為窗口在對應時，必須要瞭解顧客的認知特性。

對於會快速下結論、採取由上而下思維的並列處理型顧客，如果用時間序列來說明事實：「您所購買的商品是□□……。而這項商品……」，顧客反而會生氣：「那些我當然知道！所以你們到底要不要處理！」

相反的，如果是遇到資訊不足就無法信服的系列處理型顧客，突然只提供結論：「這次我們會免除您的費用」，顧客反而會生氣：「為什麼都不仔細說明！非常不誠實！」

因此，窗口業務人員很希望可以盡早得知對方的認知特性。**這時，可以注意「點頭的時間點」。**

請想像一下自己正在面對聽眾發表簡報。發表過程中，有些人會一直「嗯，嗯」地點頭並且盯著聽你講話，也會有人在進入某些橋段後才第一次點頭。

我們可以將前者視為「並列處理型」，後者視為「系列處理型」。

並列處理型會採取直覺式的理解，只要知道主旨就可以理解。

演講人剛上台，或是進行第一張簡報時，他們就已經判斷「這個人說的話很有意義」。因為，他們的評價標準就是「有趣程度」。

並列處理型的人會覺得「對上台演說者沒反應，不是很失禮嗎？」他們點頭只是表達「我有在聽喔！」甚至有時候，點頭是代表「很無聊耶，可不可以快點說結論！」

另一方面，組長D屬於系列處理型，他在聆聽他人說話時，不會中途插嘴，而是會直接聽到最後。當然，**對於前半段的談話內容也不會點頭，因為覺得資訊不足。**

對組長D而言，點頭這個動作，要傳達出的是「我理解」的訊息。對組員而言，點頭只是想表示「我有在聽喔！」或是「所以，結論是什麼呢？」。也就是說，同樣是「點頭」這個動作，兩者定義卻完全不同。

對於會先用視覺預測結果的並列處理型而言，他們的重點是希望一開頭就先知道結論。

這個部分對於「整理」也相當重要，結論就是「並列處理型有自己獨特的整理方法」，並且會不斷與後續的資訊做連結。

Check

說話途中頻頻點頭，有時會被認為「沒有認真聽」。該思考的是如何掌握對方「點頭」所代表的意義。

5 「不認同自己的努力」

E先生擁有職業諮詢師證照，他在與並列處理型的員工進行諮詢時，發現他們具有某種特殊傾向。

每個人想要辭職的理由都不同，「想要做更有趣的工作」或是「工作到現在，覺得自己不太能勝任」等，往往會有輕視自己過去業績的傾向。

並列處理型的人，將有趣程度作為評價標準，他們對於被託付的工作，往往會提出與對方期待不同的結果。

因此，他們經常會反覆推敲自己的想法，找出別人意想不到的東西。相反的，卻也不太能夠記住自己的提案，甚至還會對自己提出的結果感到厭煩，就好像是「那個已經結束了啦，現在我想做這個」。

這是因為他們的腦海中已經浮現下一個目標，並且已經衝向了該目標。

看起來像是經常保有上進心，但也可以說他們缺乏穩定，無法把一個行動完整結束，就著手想要做其他有關連性的事物。

消耗大腦能源，一時之間無法完成某項行動時，就會出現煩惱「到目前為止，我到底在幹嘛啊！我怎麼什麼都沒留下來？」

並列處理型的人學習「整理」的好處是，讓他們能夠盡力處理好每一個狀況並留下記錄。

不要白白浪費大腦能源，把動作好好結束（如整理桌子、物品歸位等），過去那些整理好的桌子狀態都可以為「現在」的自己加油打氣。

Check

把「整理」當作是一個動作的結束，養成習慣將該動作具象化。

3 善用大腦特徵進行整理！

截至目前為止，我們已經發現並列處理型的大腦行為軌跡。參考系列處理型的主管說法後，亦可得知他們的思維特徵與經常會出現的行為癖好。

從上述介紹過的幾個案例，我們得到了一些提示，現在讓我們再來彙整一下並列處理型的特徵吧！

- **用動作儲存記憶**
- **書寫是在記錄關聯性**
- **掌控空間的能力優異**

・重視外觀
・以「有趣程度」為評價標準
・不擅長提出根據
・用「直覺」或是「替換」去理解
・會希望先得到結論
・不會貪戀自己過去的努力

這些都是並列處理型的特徵。

首先客觀地重新掌控自己狀況，再尋找自己為什麼會有那些傾向的原因，只要理解大腦的運作機制，就能創造出個人專屬的整理思維節奏。

第二章

用這個方法告別堆疊、亂放、囤積

為什麼會散亂？大腦告訴你！

1 散亂的「意外原因」是什麼？

下定決心要整理，結果根本搞不清楚什麼東西該放在哪裡，導致整理進度停滯不前。有過這樣的經驗後，**很容易就會斷定自己：「我就是那種環境不散亂就無法工作的類型」。不過，大腦其實根本沒有這種類型。**

「不散亂就無法……」這句話，很多時候是一種自我解嘲的說法。而且其實「散亂」這個詞彙只是相對於系列處理型來說而已。

對系列處理型的人來說，「同樣的東西沒有排列在同樣的位置上」就是散亂。**如果你屬於並列處理型，就要避免用系列處理型的標準去思考。**

為什麼會散亂呢？

Check 具有想把所有業務都建立關聯性的癖好

並列處理型的人，他們的「散亂」是為了幫各自獨立的事情建立關聯性，但是實際上往往很難達到目標。

接下來是某位員工的個案。他認為必須完成經費的計算，所以把明細跟收據全放在桌上，結果卻和已經建檔完成的資料混在一起。

這些工作原本都是「不需要多做思考的簡單工作」，但由於員工在無意識下想要建立關聯性，又沒有設定好明確的時間順序。之後又繼續把認為是簡單工作的郵件或是資料堆疊上去，結果變成全部散落在辦公桌上。

散亂的原因是大腦希望藉由建立關聯性來提高工作效率。因此，並列處理型的人心想「不散亂就無法工作」的意思是，如果沒有把所有工作都建立關聯性，就無法提升效率，所以無法工作。也就是說，**並列處理型的散亂是「想要提升工作效率而努力的結果」**。

不論是在工作、家務或是一些私人的場合，每個人的腦中應該都會有「希望工作起來更有效率」的想法。

「更有效率」一詞或許適合改用「更輕鬆」「縮短時間」「更方便」等詞彙。

因為過去曾發生過這樣的事情：「建立好事情的關聯性後，一次解決好幾件事」。因為有這個記憶基礎，並列處理型的人之後不論做任何事情都會想：「沒有更有效率的方法嗎？」接著就覺得自己可以提升效率，但結果卻是造成辦公桌散亂。為什麼明明是想提升效率，卻反而讓辦公桌看起來散亂不堪呢？

Check

造成散亂的原因是為了提高工作效率。

2 「系列處理型」與「並列處理型」的「整理」差異

這個部分和「並列處理型」以及「系列處理型」**對於「提高效率」的策略差異**有關。

系列處理型的效率，是要減少錯誤發生率。

發生錯誤或是必須進行修正，等於沒有效率，所以不如一開始就避免錯誤，才是有效率的做法。

企業界普遍運用的一套目標管理流程——「PDCA循環（PDCA cycle）」就是一個很好的方法。「Plan 規劃」→「Do 執行」→「Check 檢核」→「Act 行動」在執行這個循環的時候，所獲得的想法會反映在後續的行動上。

對「效率」的定義竟然有如此的差異

整理桌子時
如果找到重要的名片……

Check

系列處理型會避免失誤
並列處理型會一起處理完畢

我們可以將這個管理流程運用在「整理辦公桌」的計劃上。比如，整理辦公桌的時候，竟然發現桌子上有幾張新的潛在客戶名片。這個「插曲」，對於計畫整理桌子這件事而言，會成為一個「問題」。

這時候，如果是系列處理型，或許會重新設定動作流程，把潛在客戶的名片先掃描、建檔。這樣一來，就不會有名片亂放在桌上了。用這樣的方式去調整PDCA循環，自然而然地讓「整理」所需的動作標準化，就可以在不知不覺中將桌子整理乾淨。

但是，**對並列處理型來說，「提高效率」是指可以把事情接二連三地處理完畢，目標是「同時完成」所有相關的工作。**如果處理得好就是一石二鳥，但結果如何呢？請再看一下剛剛的案例。

整理辦公桌的時候，發現潛在客戶的名片。

看到這些名片，覺得已經與之前見面間隔很長一段時間，所以想要立刻寫封E-mail打聲招呼。但是，如果只是寫E-mail很容易會被對方忽視，所以還想多附上一張最新資訊，希望客戶可以多多參考，於是開始製作相關資料。

就這樣，一開始只是因為看到名片，卻因為**建立關聯性而迸發出許多想法**（想寫封 E-mail 打招呼、想順便附上最新資訊），**要做的工作突然從「整理」轉換成「製作資料」**。桌上原本就亂糟糟的，然後又把其他資料堆疊在桌上，「整理」好像本末倒置了。

身為並列處理型的你，一直以來汲取各式各樣的整理方法並且實行，卻往往立刻被打回原形，原因就是出在對「提升效率」的策略差異。打算「一起解決」的策略並沒有錯。**錯誤的是表面上模仿系列處理型的策略，與自己本身適用的策略不同。**因為大腦本身結構上就有差異，所以重點是要採取符合自己大腦的策略。

Check

重點是要能夠發揮「一起解決」的作用！

3 為何「一般常見」的分類方法毫無助益

將衣服收到衣櫃時，一開始都會分門別類地整理好，但是才沒幾天又會變得亂七八糟。各位是否有過這樣的經驗呢？這也是經常會在並列處理型人身上看到的狀況，其實是某種分類法造成的現象之一。

一般來說，會建議將事物依種類區分。但是，這裡其實有陷阱。「依種類」這個用詞本身就有問題。事實上，**因為大腦有特徵上的差異，所以不同類型的人，對於「依種類」的解讀也不同**（參照第82頁專欄）。

以衣櫃整理為例。系列處理型認為的「依種類」是指將T恤、背心、長袖、褲子等方式分類，或許他們認為這樣做是理所當然的。

「依種類」的意思，有一些不同

整理衣櫃時……

系列處理型 → 區分為T恤、長袖、褲子等種類

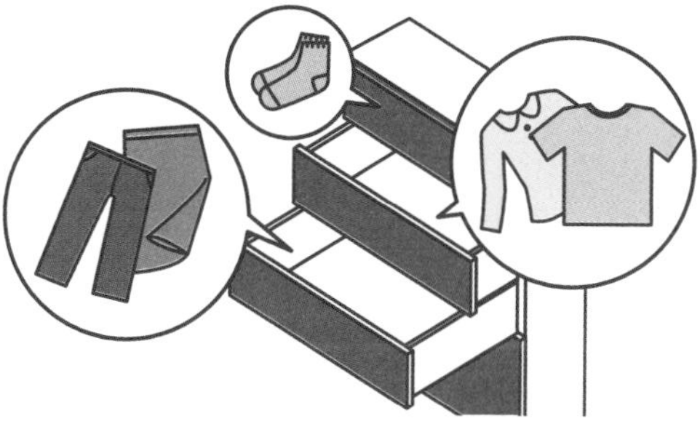

並列處理型 → 「依行動」的種類分類衣服

Check 並列處理型會根據目的進行分類

然而，並列處理型認為的「依種類」卻完全不同。**比如並列處理型想到「今天是要與人見面的日子」，會先對見面的場景進行視覺化，在腦海中用視覺依照「要與人見面時的衣服」進行分類。**除此之外，還會進行「休閒的」「運動的」「出門購物的」等多樣性的分類，依類型區分衣物。

比如，早上起床後想說「去慢跑吧！」，打開衣櫃就可以直接把手伸向運動那一疊衣物，一次把相關衣物全部拿出來穿好。即使一開始衣櫃中有區分襯衫、下半身衣物等種類，卻會在不知不覺間把穿著目的相同的襯衫、內衣、襪子放在同一處。這就是「並列處理型」與「系列處理型」標準不同的地方。

從這個例子我們可以得知，**並列處理型無法確實遵照他人所設定的分類策略**。即使被系列處理型指導該如何整理：「首先把桌子上的東西分類為文件、文具以及電子儀器……」，他們的腦袋卻會浮現完全不同的事情。

比如，並列處理型會想說「拿便條紙的時候，旁邊如果剛好有筆會很方便。為了畫好圖後，可以立刻拿起手機拍照、存檔，所以就把手機放在這裡吧」。兩者的策略方向南轅北轍。

並列處理型的人，進行整理時，只要基於「某些東西該如何用於某些目的」等，**把自己的行動歸類，再賦予該行動一個獨特的名稱**，就是最好的策略。

例如：**「為了整理思緒」「為了擴展創意」「為了轉換心情」「為了舒適地工作」**等，針對各個不同的行動分類物品，想要進行該動作時即可立刻取得物品。

即使桌子散亂對自己也沒損失。然而，在某些想要「一決勝負！」的重要時刻，如果無法備齊這些對「勝負」而言必要的小東西，會很困擾。所以整理時必須以達到個人目標為最終依歸。

Check

找到符合自己的行動，養成分類物品的習慣。

每個人大腦擅長的分類法不同

「並列處理型」與「系列處理型」，兩種人對於「分類方式」的看法截然不同，這一點絕非偶然。

大腦內有兩種功能可以用來建立分類方式，我們也可以分別使用這兩種不同的功能。在研究大腦運作的神經心理學方面，有可以檢測大腦分類功能的方法。通常用於檢測失智症等疾病。

其中一個測驗是，在有限時間內盡可能大量回答屬於某個範疇內的事物。比如主測者提出：「請說出動物的名稱，愈多愈好」，受測者必須直接講出想到的動物名稱，例如：「狗」「貓」「馬」……。這是在測試位於大腦側邊位置的**「顳葉功能」**。顳葉會將各式各樣的記憶「依種類」分類、儲藏。

如果被問到「桃太郎故事中有哪些動物出場？」我們會從桃太郎故事中選擇符合「動

物」這個關鍵字的事物，而回答「狗」「猴子」「雞」。

系列處理型的人，比較擅長進行這種列舉工作，例如：先前提到將衣櫃依照「T恤」「背心」「長袖」進行分類工作。

另一個測驗是盡可能回答符合「語音」的事物。

比如題目是「請舉出注音『ㄎ』開頭的詞彙，愈多愈好」，受測者則回答「可樂」「苦瓜」「扣子」等詞彙。這是在檢測位於大腦前方的「**額葉功能**」。額葉會依種類，從儲存在顳葉的記憶中找出「ㄎ」開頭的詞彙，並且跨領域搜尋出符合「目標」的詞彙。

像這樣**依照某種目標搜尋記憶，並且反映在行動上是因為「額葉」的運作。並列處理型的人比較擅長處理這種分類工作**，以先前提到的衣櫃分類為例，他們會根據「放鬆」「運動」等不同「目的」為標準進行分類。

4

為何看似雜亂，卻能掌握物品的位置？

我曾到某間設計公司進行員工內部訓練課程，當時發生了一件事。

某位員工的桌上堆滿了文件與書籍，只能勉強擠出操作電腦的座位空間。主管對他說：「你那樣沒辦法工作吧！給我找出A公司的提案資料」。沒想到他立刻從堆積如山的文件中間抽出來，並回答：「啊！那份資料在這裡！」當事人微笑著，主管卻只能抱以苦笑。

如果你也曾被人說過房間很亂，大概是因為你已經把放東西的位置記在腦袋裡了。

只要想找就找得到——。為什麼那麼亂卻能夠找得到呢？

提示就藏在「想找東西時的大腦」中。

比如，你想要找一個平常不太會使用到的東西「打洞機跑到哪裡去了？」這時會有哪些資訊進入你的腦海呢？

「對耶！我之前好像在廚房整理菜單筆記時用過……」你是否會用這種在腦中產生視覺的方式，浮現過去曾做過的行為？

第一章中我們談論過，並列處理型的人是「用動作儲存記憶」。**他們會用動作幫助記憶，也會藉由動作回想。**比如尋找東西時，會用動作重現當時的情境，「我走去廚房，從當時行走的路徑來看，我是用右手拿著……」像這樣一邊重現該動作，一邊回想當時的情境。

因為無法直接看到自己的行為，所以所謂的視覺化作業，其實是從「上帝視角」去觀察自己。因此，不能說是實際映照出視覺影像的記憶，而是動動身體、用手去接觸東西或是從當時聽到的聲音等後製而成的影像。

因為是把自己的動作影像化後儲存在記憶中，所以回想時，就會好像影片倒帶一樣重播

那段影像。

把記憶影像化有很多優點，其中一個優點是可以追加空間資訊。「在廚房整理菜單筆記時用過打洞機」，在這段記憶中，雖然沒有具體到在廚房高處還是低處、在右側還是左側的資訊，但是卻可以確定在記憶影像中，打洞機的確是在廚房的某個地方。

透過將動作影像化、記憶的功能，可以大致知道散落的物品位置。也就是說，**我們發現並列處理型在進行整理時，只要根據自己過去的動作影像，將物品配置在可以重現個人動作的位置上即可。**

Check

善用「能夠用影像記憶動作」的特性。

大腦進行視覺化的「架構」

各位應該聽過大腦分為左右兩邊。事實上，大腦不僅有左右之分，還有前後之分。

在此，我們要談的內容與前後腦有關。差不多是以耳朵的位置為分際，**前腦稱作「額葉」，後腦則稱作「頂葉」。**

大腦會藉由看、聽、觸摸等方式，從外部取得資訊。「看」是由頂葉後方內側的「枕葉」，「聽」是由位於大腦**橫**側位置的「聽覺性語言中樞」，「觸摸」則是藉由「部分頂葉」分別取得各式各樣的資訊。

這些資訊會集合在頂葉的一部分、後方聯合皮層區。統整各式各樣的資訊，以便確認在大腦外部究竟發生了什麼事情。

從「枕葉」取得的視覺資訊會藉由「頂葉」增加空間內的座標資訊。

比如，看到旁邊有車，大腦內部可以自動切換座標，改由從前方看或是從上方看。

並列處理型的人，這些部位特別發達。

接著是將這個資訊傳送至「額葉」的「前方聯合皮層區」，這個區域相當於大腦的控制中心，會根據先前得到的資訊，判斷要如何反應，並對身體下指令。資訊在送至前方聯合皮層區途中，會經由顳葉的海馬迴部分。海馬迴是用來儲存記憶的部位，會結合過去的記憶資訊，在單純的感覺資訊上添加當事人獨特的解讀。

所有人類的大腦都有如此共通的機制，但是**在系列處理型的大腦中，與海馬迴的「資訊比對」會特別頻繁**。相對於這個部分，**並列處理型的大腦中則是「頂葉」以及「枕葉」的運作較占優勢**。這是因為並列處理型會將記憶視覺化，並且進行空間資訊的轉換。和「過去記憶比對能力」較強的系列處理型比較起來，**並列處理型由於擅長視覺化，會有很多關聯性或是直覺性的動作**。所以他們的優點是可以因為直覺而展開行動，但相對來說缺點是較難以抑制自我行動。

5 「堆疊、亂放、囤積」的因應對策！

應該差不多可以掌握並列處理型的整理重點了吧！

為了讓這種結果論的形象更加明確，讓我們來訂定容易造成散亂的因應對策吧！並列處理型容易造成散亂的原因有以下三點。

①堆疊
②亂放
③囤積

針對上述這三點，逐一訂定整理相關的因應對策吧！

1 對於「堆疊」的因應對策

你平常有把書或是雜誌等往上堆疊的習慣嗎？

如果現在桌子或是地上有堆疊東西，請看一下該處。你有什麼感覺？是覺得「自己真的好努力！」嗎？

還是會覺得「雖然是有不得已的理由，但是這樣真的不太好」？或許有這種自責感的人會比較多。

反正都是堆疊，乾脆用「能夠一目瞭然」的堆疊方式。

因為對並列處理型來說外觀非常重要。

請回想一下過去曾經覺得「工作或是念書很有進展」的畫面。

比如，想著「我要努力用功！」然後跑到圖書館，拿了五本喜歡的書堆在桌上後坐下來。

善用「堆疊」的方法

✖ 到處亂堆疊

〇 把讀完的文件放置在「右側」

Check 一眼即可確認進度

第一本很專心地閱讀還寫筆記，過了三小時後，自己覺得「哇！我這樣好專心喔！」，後面那四本就隨意翻閱一下，擺回架上。

你是否曾經有過「把要處理的事物堆疊在一起，最後全部處理完畢」的滿足經驗呢？完成被賦予的全部課題，是系列處理型的目標。

並列處理型的目標則是「看到自己想知道的事物」「找到熱門關鍵字」「把想法做連結」，**並非直接處理眼前的課題，而是透過那些課題，讓自己更接近想要達到的目標。**

因此，沒有必要把原本堆疊的事物通通處理完畢。**為了重現過去「高工作效率」的空間狀態，試著再次堆疊吧！**

你可以這樣做：**把堆積在左側的事物處理完後，堆到右側。**

這樣一來，隨著右側慢慢變高，可以立即確認自己目前的工作進度。一眼就可以輕鬆瞭解成果，展現出專注於工作的自己。

●因應對策：根據整理思維的順序，「由下往上堆疊」

在思考創新點子時，**可以試著依序堆疊與「思考基礎」相關的書籍。**愈上方的是已經發展為想法、相關具體方法的書籍，愈下方則是回歸基本理論的書籍。

如果可以像這樣堆疊，即使沒有真正去讀那些書籍，你也可以一目瞭然思考的流程，應該就會覺得靈感漸漸湧現。

2

善用「亂放」，找到「怦然心動」的位置

用「建立關聯性」的方式工作，做到一半跑去做其他工作時，往往會將前一項工作所使用的東西直接隨意放在原地，而成為散亂的主因。

這時通常有人會提醒「用完的東西請歸位！」這種基本的整理規則。

讓我們稍微深入思考一下這個部分。**將事物隨意亂放，是因為心思轉移到了其他工作。也就是說，會讓人怦然心動的工作。**如果轉換一下想法，我們可以把新的地點當作是「會讓人怦然心動的地方」。

試著描繪辦公室或家中的隔間圖，用線條把自己會亂放東西的位置連結起來。這樣一來，可以剖析出自己都是如何利用空間。

如果是在家裡，發現空間明明很寬廣，自己卻只使用很小一部分，或許就是一個改變家中擺設的契機。然後，再把那些容易亂放東西的位置做記號，即可藉此找到能夠讓你創意靈光乍現的位置。

找出會讓你怦然心動的位置

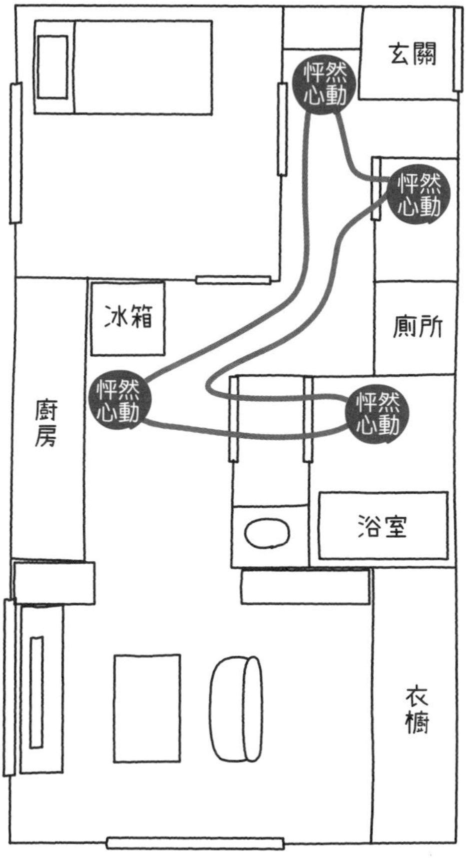

Check

找到會讓你創意靈光乍現的位置，就可以積極地運用！

資訊交錯的位置往往是會產生創新想法的位置。

在該處可以看到什麼呢？會聽到什麼聲音呢？會聊些什麼話題呢？那裡或許是廁所或是洗手台。目前已知大腦在恍惚時，會啟動內定模式（default mode）的神經迴路，因而靈光乍現。各位應該有過離開桌子去喝點水而突然靈光乍現的經驗。

描繪自己經常亂放東西的動線，或許就可以當作是「讓大腦重回靈光乍現狀態」的預備動作。**沒有靈感的時候，就去那些經常亂放東西的動線上走一走吧！**一定可以在大腦內產出新的資訊連結。

●因應對策：前往經常「亂放」的地方，環顧四周

運用經常「亂放」東西的動線，試著讓大腦重回靈光乍現的狀態。前往那些經常隨意亂放東西的地點，確認一下四周可以看到什麼、聽到什麼，可提高刺激沉睡記憶的機率。

3 對於「囤積」的因應對策

冒昧請教各位，你們會隨身攜帶手機充電器嗎？

包包中會隨時放幾個口罩或是幾支原子筆嗎？

「囤積多個相同的東西」也是並列處理型經常會有的行為。

到了目的地發現自己沒帶必要的東西，為了解決急用只好去買。老是重複同樣的狀況，手邊就會增加一堆同性質的東西。

這種情況其實是因為準備不足，但是請不要像小學生要去遠足一樣，列出一串「準備清單」，邊看清單邊打勾。因為那是系列處理型的策略。

身為並列處理型，可以善用「視覺化」，**試著把個人的行為化成影像**。

比如：「早上走出家門，到超商隨意看一下雜誌櫃，買三明治當中餐，啊！突然想到常吃的口香糖好像只剩一些，就一次買足吧！搭電車到公司，把東西全放在桌上，開始工作。

中午前要在會議上分發資料，糟糕！沒有訂書機。下午要去拜訪新客戶。那邊應該有櫃台，必須在那邊填寫拜訪的對象姓名……所以要先查一下對方的單位是什麼。」

並列處理型會試著在腦中預演一遍自己的動向，發現遺漏的事物。預演模擬愈仔細，愈可以減少忘記帶東西或準備不充分的情形。這種管理方式不用列出清單，只要好好鍛鍊**預測未來的能力**，就可以預防囤積、預防錯誤、妥善分配體力，成為很棒的成長機會。

●因應對策：準備好模擬情境所需的工具

試著把場景切換成是**「必須攜帶一些必要的物品」**的模擬遊戲，輕鬆愉快地進行確認。這種方法不僅可用於準備期，亦可用來回想過去因為準備不足而造成的狀況，找到改善方法。請務必一試。

藉由視覺化，發現遺漏的事物

✖ 條列清單

○ 在腦海中「預演」

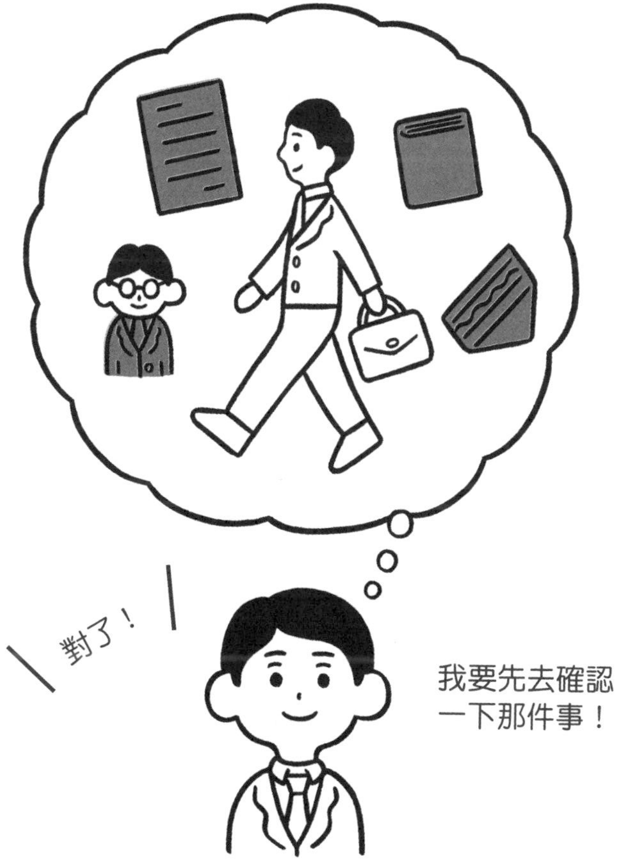

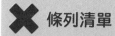

並列處理型容易出現的三種情形：

①堆疊

②亂放

③囤積

乍看之下是弱點，但也可以理解成是並列處理型的特性，如果可以妥善運用就能成為強大的優點。

然而，即使是這樣，一旦出了社會，還是必須做一些規範內的事。身為並列處理型，基本該學會的技巧請詳見第五章。

第三章

讓整理突飛猛進的「秘密武器」

善用「九宮格工作術」，讓大腦獲得成就感！

1 切斷罪惡感的循環！

讓我們試著在本章節中改變一下面對「整理」這件事的作法。

首先，試著停止「想要一口氣整理完畢」的念頭。

或許有人會想問：「為什麼？明明一口氣整理完畢才乾淨俐落啊！」但是，重點還是必須符合大腦架構，才會事半功倍。

一口氣整理完畢當然是最理想的狀態，但是如果整理不完，就會產生罪惡感。這種罪惡感會讓大腦覺得「整理」這工作很麻煩。

產生罪惡感時，會啟動大腦中的情緒運動聯合區（Motor Association Cortex）。這個區域是大腦用來賦予事物價值的部位。「明明想要一口氣整理好房間，結果因為滑了一下手機，

不知不覺時間就過去了，所以沒整理好。」

這時的大腦沒辦法出現一口氣整理完畢的畫面。沒有畫面的情況下，如果只用言語設定，就會產生「如果可以完成，會怎麼樣呢？」的期待感。**這種期待感會由神經傳導物質多巴胺（dopamine）製造出來**，藉由期待感而提高「一口氣整理完畢」這個動作的價值。於是，大腦就會覺得「只要能夠『一口氣整理完畢』就會改變一切！」進而判斷這動作非常有價值。

然而，**多巴胺的運作架構卻是會強化「分泌之前的動作」**。該動作也就是滑手機。

隔天明明想要繼續進行整理，卻會因為多巴胺分泌而促使當事人繼續滑手機。當然，結果就是又無法好好整理。大腦一直產生相同的作用，不斷提升「一口氣整理完畢」這件事的價值。

聽到這樣的內容，你有聯想到什麼嗎？

沒錯，其實這就是依賴酒精、購物、上網、賭博等成癮症（Dependence）的機制。因為大腦本身具有這樣的機制，**一旦陷入這種罪惡感的循環，光是在情緒上就無法抽離。所以，我們必須改變「大腦的運作方式」**。

只要能夠認知到這種情況，就可以趁這個機會徹底切割罪惡感的循環。接下來，我們就要來說明這個方法。

Check

必須從不自覺陷入的罪惡感循環中抽離。

2 用「無誤學習法」培養大腦神經迴路

想要改變大腦的運作方式，就必須在大腦連接新的神經迴路。

「連接新迴路」的概念應該很容易理解。

迴路會藉由行為來建立。大腦迴路的機制是只要經常使用某條迴路，該條迴路就會變得愈來愈粗大，而愈粗大的迴路也愈容易被當事人使用。

如果出現「明明想要一口氣整理完畢，結果卻什麼都沒做」的行為，其實是因為「什麼都沒整理」的行為迴路已經被強化了。

因此，只要與其他迴路連結，並且不斷使用新的迴路就可以改變大腦的運作方式。接下來就讓我們建立一個新的迴路，並不斷用行為強化吧！還有，**該行為的重點是必須「無誤**

（errorless）」，即不能失敗。

實際上，要讓受損的大腦復原，與其一直練習一些做不到的行為，更有效的方法是，練習一些理所當然、可以做得到的行為。

某位患者因大腦血管損傷造成單側手腳無法動彈，他在進行走路復健時，如果一直拄著拐杖練習走路，就永遠也走不好。必須把體重施加在無法動彈那隻腳內側的正確位置上。這樣一來，重心會往前移動。

如果可以確實做到，只要經過練習，大腦就會建立新的步行迴路，讓患者漸漸可以開始步行。這就是對大腦而言不會失敗的無誤學習法。

整理這件事也是一樣。想要一口氣整理完畢，對大腦來說，就像是我明明路都走不好，卻突然要勉強我直接練習跑步一樣。**如果可以配合大腦的運作方式，不斷累積「整理完成」的事實，就可以建立新的神經迴路。**

Check

確實完成做得到的事情，即可在腦中建立新的迴路。

3 拆解目標，建立微步

為了在大腦內建立新迴路，必須先在大腦中將「整理」這個大範圍的工作「建立微步（small step）」。

舉例來說，如果一直無法把桌子上的東西整理好，就要先拆解這個過高的目標。例如：把單據等輸入電腦後丟棄、拆閱郵件，回覆必要信件、整理歸檔會議資料等，將「整理」的動作拆解得更細。

把工作進一步細分

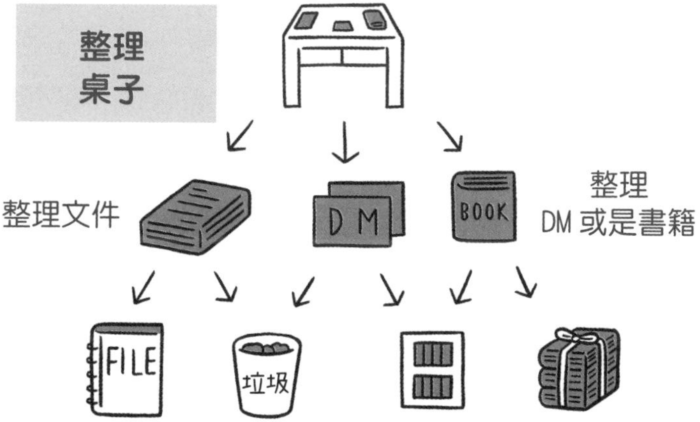

輸入單據後丟棄，這個目標等級如果還是過高，就再繼續拆解下去。

比如，彙整單據這件事，或許還可以再用日期排列，**總之就是要持續拆解到「可以確實執行」的程度。**

能否確實拆解目標，會影響到整理能力。

因為如果沒有確實拆解，即使時間上稍微有空檔，也會覺得「既然現在無法整理乾淨，乾脆下次再處理」而延宕過去，或是即使想要整理也不知道該從何下手，只是把手邊的事物再堆放到另一個位置而已。

拆解目標，就是建立「微步」，如此能夠自然而然地進行無誤學習，並且藉由實際的動作建立大腦的整理迴路。

Check

重點是要把目標拆解成可以立刻完成、確實完成的分量。

4 把目標填入九宮格，努力達到心流狀態

只要能夠建立微步，幾乎就能解決無法整理完畢的問題。

不過，要建立微步可以說是相當困難。

因為，**並列處理型的人，擁有一顆可以建立關聯性的大腦，他們認為，「順便一起做才最有效率」，因此他們對於分解目標的行為有強烈的抗拒感。**

這時必須使用將工作「視覺化」的特性，試著學習微步的設定方法。

很多人會用條列的方式寫下要進行的工作。我們只要試著稍微改變一下這種條列式的書寫法。不要縱向條列式地寫下來，而是**試著填入「縱三格×橫三格」的九宮格中**。

比如，假日有空閒時，就條列寫下所有必須完成的家事，清洗浴室、清洗廚房、清洗電扇、清洗鞋櫃……結果卻一直無法順利完成。

好不容易有時間處理，卻還是拖拖拉拉，最後連一條都沒達成，因而認為「啊！我就是不會整理」而開始沮喪。

然後陷入罪惡感的循環。因此，並不是要「一口氣整理完畢」，而是盡可能以消除列表上的一件事情為目標。

把「待辦事項列表」填入九宮格表中，會看起來像在玩賓果遊戲。只要消除縱、橫、斜任何一條線就算賓果。試著把待辦事項列表改成九宮格，會更容易完成整理。

理由在於，**對並列處理型而言，重點是要讓已達成的部分一目瞭然。**

變成賓果遊戲之後，就可以很容易地預測自己「只要再達成兩件事情」「還剩一項工作」「只要再完成某些地方」就能達成目標。

對大腦而言，「可以預測」就等於「可以進行視覺化」。只要可以在大腦中讓自己的行

決定好要做的事情時

✖ 一條條寫下來

〇 填入「九宮格表」

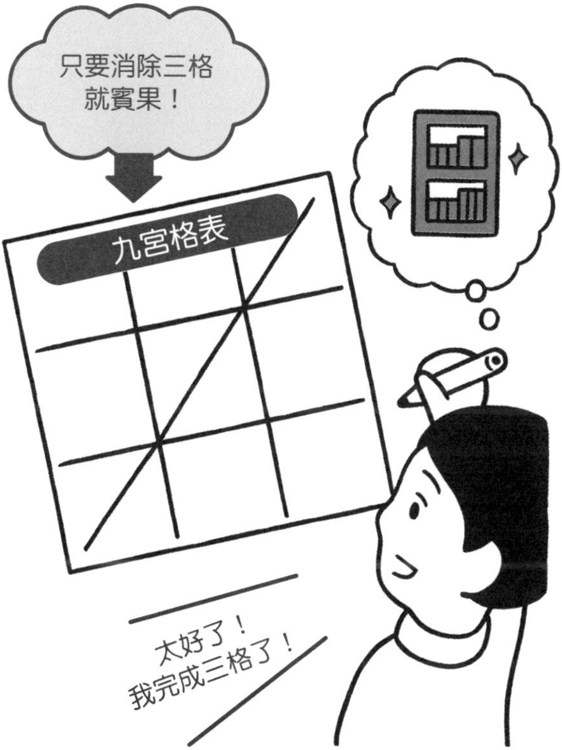

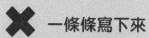

動視覺化，額葉就可以順利發出指令，讓身體展開行動。

並列處理型看到九宮格，通常會自行訂定策略：「我可以先完成正中央的工作，再消除縱、橫、斜的項目，但是現在要消除這格有點困難，如果是這格應該可以立刻消除」。**訂定這些策略時，大腦中會浮現自己實際在整理的畫面**。於是，透過事前預測完成工作的情境，可以獲得很大的成就感。

實際進行九宮格工作術後，很多人都會有以下的感覺。

「只要消除一格，就會想說再努力一點就能夠湊成一列，因此不知不覺中會想要繼續做下去。」

「回過神時，已經努力了很久，讓我感受到久違的、一整天好好整理的成就感。」

各位過去是否曾經有過埋首於某事，非常專注的經驗呢？不是恍神，也不是勉強自己打起精神，而是完全忘卻時間流逝、專注地度過一段時間。

這種狀態在心理學上稱作「心流狀態（Flow）」。運動員在運動時，也是一種心流狀態。事物貌似流動地進行著，自己卻變成像是一個局外人、從旁觀察的感覺。

這種心流狀態據說會在挑戰超過自己原有能力4％時出現。進入先前覺得自己「好像還可以再努力一點」的情境，不但能產生心流狀態，且會被大腦視為主動承擔工作。

Check

「只要再努力一下就能完成！」
這樣的快感推著自己前進。

5 一直無法賓果，該怎麼辦？

九宮格工作術可以應用在家事、工作，或是任何事物，請務必一試。實際嘗試，會發現有時候會消不掉格子，因此一直無法賓果，這時很可能是**因為填入的目標還沒有拆解到微步狀態。**

比如，已經把該做的家事全部填入九宮格，卻一直有一個格子無法完成。這時，可以試著把該格內的事情再細分為另一個九宮格。假設一直無法完成清潔浴室這一格，就把清潔浴室再拆解成九項工作。清洗浴缸、清洗洗手台、除霉、清潔地板、整理洗髮精擺放台、擦窗戶等。

像這樣填完九宮格，湊成另一張賓果卡。

試著進一步細分目標

工作不太有進展時……

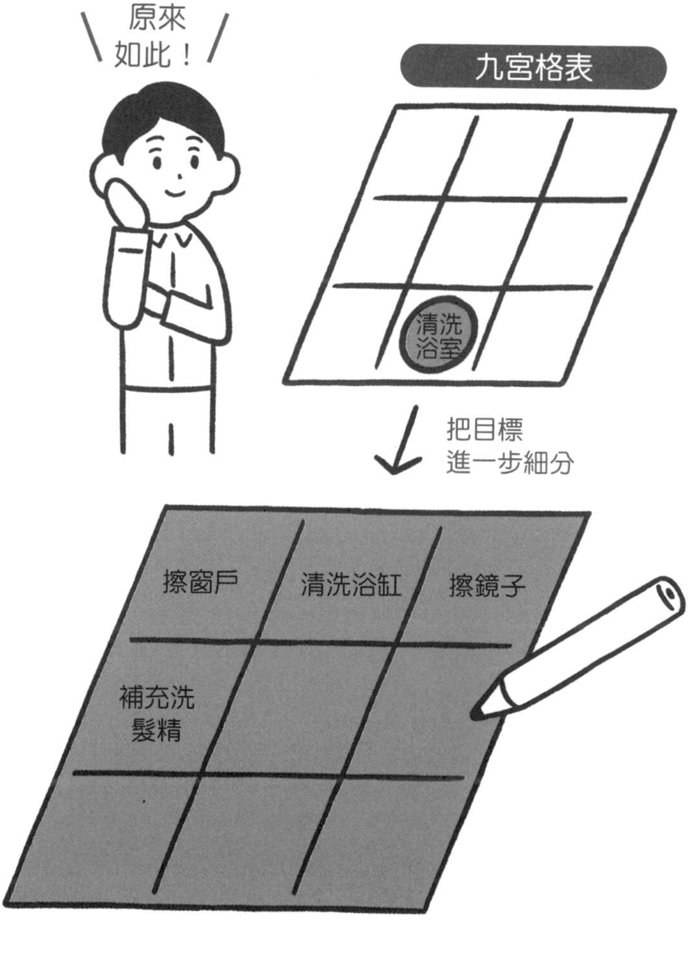

我的患者中，有許多人認為自己「無法整理」，每當我對他們解釋「微步」，一定會得到同樣的反應。

「那樣不就無法立刻完成了嗎？那樣不就是普通的打掃而已？」

之所以會有這種想法，是因為他們根深蒂固的認為「無法達成困難的事，就不算有努力」。這就是罪惡感的根源，會成為無法完成整理目標的原因。

只要改變這種想法，**把整理的目標暫時切換成「完成賓果」，就能幫助大腦記憶「賓果了！」這個既有事實。**

我都會對患者說：「下次回診時，請告訴我：這些工作實在是太簡單了」。於是，下次回診時，他們就會告訴我：「我瞭解微步的意義了」。設定微步的方法不僅必須用大腦去理解，還要讓大腦學習實際上已經設定好並且完成的動作記憶。

Check

累積「完成賓果」的既成事實。

6 利用「反向賓果」決定「不做的目標」

試著用九宮格工作術來分解目標，有時候還是一直無法整理好，又產生罪惡感。因此，我們也可以利用九宮格工作術幫助自己從罪惡感的循環中逃脫出來。

先前曾經提過，罪惡感的循環對大腦而言與成癮症的機制相同。以酒精成癮症治療來說，首先必做的事，就是必須自覺「我無法停止喝酒」。「明天就會戒酒」這個想法因為不符合事實上的記憶，反而會讓人產生罪惡感。

因此，**如果一開始可以根據事實，自覺「我戒不掉」，就可以開始學習與「戒不掉」這件事共處的方式。**

整理也是一樣。因為大腦不存在「明天就會整理好」這個記憶，所以應該消除它。為此，**我們可以建立一個「不做賓果」的九宮格。**從九宮格中一一刪除「不做的目標」，如果因此賓果了，就只要去完成剩下的格子。

為何要做成賓果遊戲呢？因為我們往往會很抗拒「決定不做了」這件事。**對於把「只要稍微有點動力、想做就可以完成」的目標從列表上刪除有罪惡感，所以乾脆把目標替換成「只要消除三格不做的就賓果」，讓自己只要消除三格就達標。**這樣一來，剩下的六格就是一定要做的事，只要再完成這部分就成功了。

人在選擇時心理糾結的狀態很消耗大腦能量，決定哪些目標不做，是為了減少大腦選項，是一種避免能源消耗的節能大作戰。大腦會保留能量給限定選項，因此會把能量投注在眼前的工作上。

Check

透過「反向賓果」，讓人能毫無抗拒地決定不做的項目。

寫出不做的項目

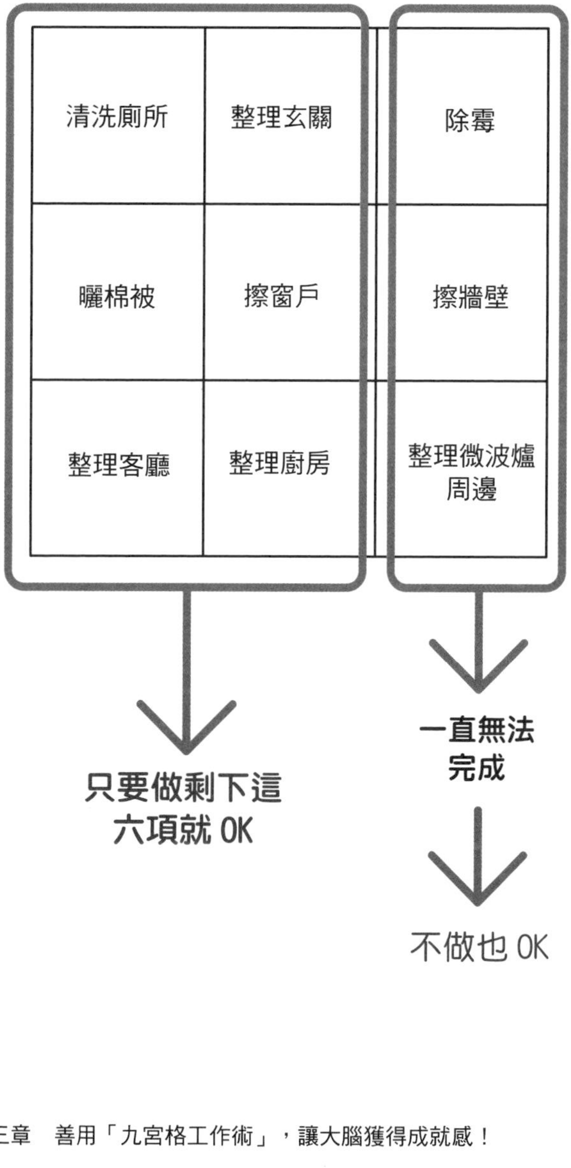
清洗廁所
整理玄關
除霉
曬棉被
擦窗戶
擦牆壁
整理客廳
整理廚房
整理微波爐周邊
只要做剩下這六項就 OK
一直無法完成
不做也 OK

7 建立動作模組與估算時間

1 先從關好包包開始

實際上，除了整理，平時不經意的動作也能打造善於整理的大腦。請問現在你手邊的包包是開著的嗎？如果是，就先關起包包來吧！**「做完一連串的動作」，對於打造善於整理的大腦，相當有幫助。**

大腦具備類似「動作字典」的功能，這是指運動輔助區（supplementary motor area, SMA）以及扣帶回（cingulate gyrus）這個部位。這些部位會把一連串的動作保存成模組，下一次再遇到相同動作，就會對身體下達屬於該模組的指令。

為什麼會這樣呢？目的是為了節約能源。從零開始重新規劃、命令身體執行動作，大腦必須消耗大量的能源。**為了有效率地運用有限能源，大腦會把過去的動作模組化**。但是，大腦無法自行判斷是否期望出現該動作。「避免房間散亂的整理動作」也會自動被模組化。

請想像一下工作的情況。

把腦中思考的內容寫在筆記本上，再利用自己擅長的圖示彙整資料，此時腦中浮現許多好創意。那些曾經出現在腦袋裡、模糊的印象，慢慢變得具體、清晰起來，這個過程往往讓人感到熱血沸騰。

因為想要快點傳遞出這種興奮感，所以拿著剛畫好的圖離開座位、召集團隊成員開始說明：「最近這件事情，其實只要這樣做就可以解決了唷！」和大家一一討論之後，進入下一個階段，由於必須用電腦建立資料，於是開始在辦公桌上工作。

想像這種工作情境，會有一種工作是動態且有在流動進行的感覺。這種興高采烈的感覺，可以說是工作帶來的醍醐味。

然而，回首自己的辦公桌，卻發現便條紙、原子筆、標籤紙等物品到處亂扔。全都成了日後必須整理的物品。

回過神發現，剛才一直在使用的便條紙不見了、原子筆不見了，因為階段工作都會不知不覺把各種物品隨意扔在不同地方。

在這種情形下患者都會說：「我最近忘東忘西的情形很嚴重」，但是記性不好通常不是造成這些情形的主因。東西不見、不知道東西放在哪裡，**其實是因為工作時的靈光乍現而覺得興奮，著手進行下一項工作時，順手把東西隨意擺放。**

想要預防上述這些情形，並不需要採取「靜下心來，想清楚再行動」這種精神論，讓大腦去記住新的動作模組會更有幫助。**讓大腦學習工作上應有的「段落」**。如同先前提出的例子，把靈光乍現的時刻視為工作上的一個「段落」，知道自己經常會在這個「段落」隨意亂放東西。

因此，**試著在靈光乍現時、想著手進行下一項工作之前，把用完的東西放回原位置吧！**

想讓大腦記住「整理的動作」就要……

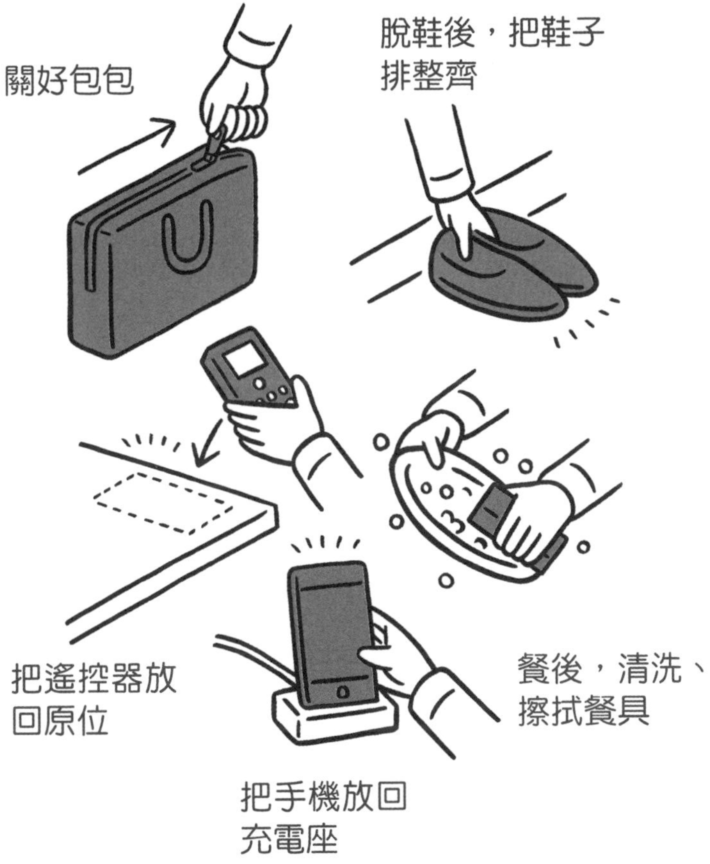
關好包包
脫鞋後，把鞋子
排整齊
把遙控器放
回原位
餐後，清洗、
擦拭餐具
把手機放回
充電座

Check
建立「完成動作」的習慣

如果是用便條紙或是原子筆進行思考的工作，就以把便條紙或是原子筆放回原位作為一個「段落」。用這種方式讓大腦學習，下次遇到同樣狀況時，應該就會很自然地把使用過的東西放回原位再離開去做別的事。

從外在的角度來看，或許會覺得這樣的行為好像很「淡定」，但其實只是把大腦使用過的東西放回原位，作為記憶作業段落的結果。如果能讓大腦學習新的模組，就能夠藉由「淡定」的心理準備儘早採取相對應的動作。在大腦內建立新的動作模組不僅適用於工作場合，亦可在平時讓大腦習慣採取一些不經意的動作。

身為並列處理型的你，煩惱於整理問題時，建議將以下動作模組化。

- 從包包拿東西之後，關好包包
- 進入玄關，把鞋子排整齊
- 餐後，清洗、擦拭餐具

・看完電視，把遙控器放回原位
・手機用完，放回充電座

看到上述事項，或許會覺得自己應該要振作、必須停止頹廢的生活。然而，這裡的重點並不是要你矯正生活態度。

這些動作和個性無關，大腦只會單純地保存過去的記憶，並且形成一個模組命令。

因此，嚴格來說應該是**請試著思考「如何在大腦中儲存新的模組」，並且機械式地、平靜地進行模組動作。**用冷處理的態度進行反而會比較順利。

Check

讓大腦學習記憶「動作的段落」。

2 估算時間

並列處理型的大腦雖然擅長掌控空間，但是反過來他們可能因此不太擅長其他事物。

某項實驗研究，針對空間掌控能力的「方向感」，以及正確估算時間的「時間感」兩項能力進行比較。

「時間感」的題目是不看時鐘，自己數一八〇秒後與實際的時間比較差距。若數出的時間比實際一八〇秒短，表示「喪失時間感」。然而，結果發現方向感愈優異的人，愈容易喪失時間感覺。

從這個結果來看，我們推測「空間掌控能力」與「時間掌控能力」也許會在大腦中爭奪可用資源。也就是說，擅長掌控空間的人對於時間感比較不敏銳，擅長時間感的人則不善於掌控空間。

人的大腦並非萬能。大腦中有一些可以使用的資源，但是因為處理某些課題所採取的策略其實已經被模組化了，所以大腦就會偏向於比較可以發揮能力的那一邊。

並列處理型擅長掌控空間，但是卻不太擅長掌控時間。

各位是否曾經在埋首專心工作時，不知不覺就花了很長一段時間，或是明明沒時間卻開始做眼前的工作，因而遲到了？

結果就會導致工作囤積，必須同時進行好幾件事而把手邊東西亂放，成為散亂的主因。

為了預防這件事，我們可以在大腦中均衡使用兩者，試著鍛鍊時間感。

請試著在平時工作的時候，估算某項工作所需的時間。

「寫這篇文章要花三十分鐘。」

「再花七分鐘，我就可以完成這個段落。」

像這樣試著一邊工作一邊估算時間，就可以減少因為放任思緒而搞亂計畫表，或是在工作途中轉移至其它工作的情形。

Check

因為對時間感不敏銳，所以必須養成估算工作時間的習慣。

3 腦中浮現「指針式時鐘」後再行動

得知大腦會分配空間與時間能力這件事，有些人或許會想說「不過，他那個人什麼都會耶！」或是「我不會遲到，也不會迷路！我兩種都很厲害」。

空間與時間兩種測驗結果都很優異的人，懂得在大腦中使用「替換手段」，把空間替換為時間，把時間替換為空間。

比如，走路時覺得「應該差不多快到目的地了吧！」這句話可以理解成，把距離這種「空間資訊」替換為要走幾分鐘的「時間資訊」。雖然替換起來似乎很棘手，但也不是做不到。

遇到狀況時，大腦自然而然會替換成自己擅長的能力，並提出解決辦法。

並列處理型的人，在評估時間時，會在腦中出現一個指針式的時鐘，然後想像自己在簡報等情境下的動作或是手勢。

他們會在大腦內，把時間替換成不同的形式。

這樣一來，不論是多麼棘手的事情，大腦都能夠替換成擅長的方式去解決。

如果有人對於遵守時間、管理行程有困難，可以試著把指針時鐘與自己的行為連結在一起。想像進行某種動作時，指針會變成什麼狀態？只要透過情境想像就可以做好時間管理。

Check

試著想像指針式時鐘，帶著時間感去行動。

第四章

快速學會整理

符合大腦模式的斷捨離，不知不覺整理乾淨！

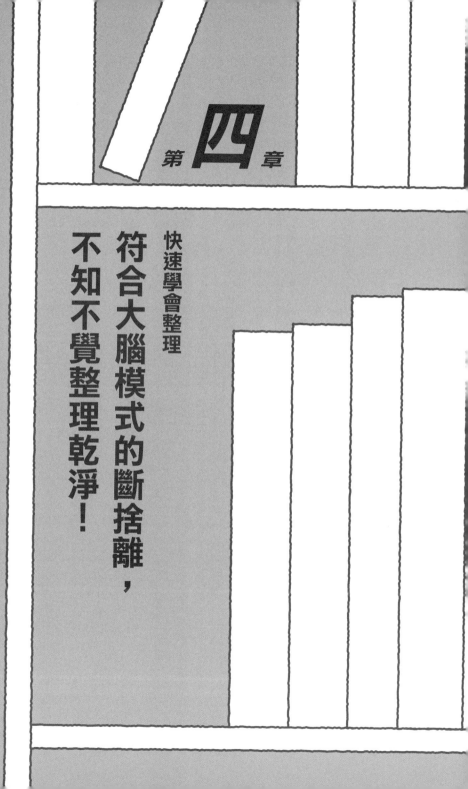

1

找出整理目標

開始整理之前，請務必設定整理的目標！「整理」本身不是目標，我們必須思考究竟是為了什麼而整理。設定目標時，請不要設定「在意他人眼光的目標」。因為對大腦而言，依照他人所設定的目標與自己所決定的目標，進行方式截然不同（參照第134頁專欄）。

此外，**「給自己鼓勵」時，也有一些重點必須注意。**「達成自己設定的目標，想要給自己一些鼓勵」，這種鼓勵雖然讓人保持動力，但如果用錯鼓勵方法，導致隨便整理一下就急著結束，反而永遠無法脫離那個不懂如何整理的自己。

在此，就讓我們學習一下如何「設定」可以讓人保持動力的目標及鼓勵方法吧！

首先，應該避免「整理完成，就可以得到他人讚美」這種設定。

注意目標的設定方法

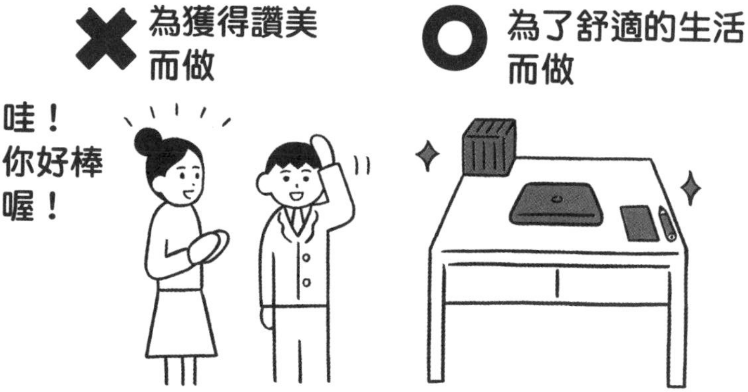

✖ 為獲得讚美而做
○ 為了舒適的生活而做
哇！你好棒喔！

前面提過「罪惡感的循環」（參照第102頁），我們得知多巴胺這種神經傳導物質，會以酬償為行動依歸。

把會增加多巴胺的行動變成一種報酬，該行動就會被強化。前面提過，愈是想要達到自己所期望的動作就愈有動力，若是進行不恰當的動作則會上癮。多巴胺這種酬賞系統，往往會出現在把動作目標設定在他人身上時。例如：這樣做會被人稱讚、這樣做會讓人覺得很帥氣、足以炫耀等目標。

多巴胺的酬賞系統有某些特徵：失敗時會讓人突然變得非常沮喪、完全提不起勁。比如看到雜誌「整理特輯」中介紹很會整理的帥氣對象，而心想「我想成為那樣的人！」但是，真正開始整理時，又會突然失去幹勁。各位是否有過這樣的經驗？

多巴胺的酬賞系統會讓人在充滿動力時情緒高亢，但是失敗時的失落感也相當大。為了避免情緒上下起伏而消耗能量，試著快速完成工作吧！

那麼，該怎麼做才好？答案很簡單。**就是自己設定整理目標**。這樣一來，多巴胺就不會隨著情緒起舞。

Check

不要以「獲得稱讚」為目標。

更進一步來談！

大腦內有「兩種酬賞系統」

除了多巴胺的酬償系統，大腦還有另一個酬償系統，那就是「前額葉皮質」所打造出的**「自發性動機」。不要讓他人幫我們決定目標，要自己訂定屬於自己的行動目標。**

究竟自己原本是為了什麼才想要整理的呢？設定出那個目標。**在「前額葉皮質」打造出的酬償系統運作下，即使失敗也不會造成動力下降。雖然仍會失望，但是卻能從失敗中學習，改變下次的做法。**

舉例來說，若想挑戰登山。就要將一些必要的行李分門別類整理至背包內，以方便使用。如果做不到這一點，拿取物品會很麻煩、無法儘速因應問題，還會消耗體力，因而無法達成目標。

順利登山的一個技巧是將必要的東西依功能性收納至背包內，必須整理成能夠方便多次拿取的狀態。這時，「整理」是為了自己，所以只要能夠順利完成，就能夠使「前額葉皮質」順利運作、覺得**「想要做得更好」**，即使不順利也只會想說**「那我下次再嘗試另一種方法」**，會用很正面積極的方式處理。由自己訂定整理目標，即使失敗也不會因此喪氣。

2

說出口就算贏！訂定「整理目標」的方法

並列處理型經常為了「某個目標」而行動，所以應該很擅長「自己訂定整理目標」才對。

「為了愛護地球環境。」

「為了不要因無謂動作而感到疲勞。」

「如果哪天厭倦現在的家，就可以隨時搬家。」

「為了讓自己可以自由自在。」

「為了擁有無拘無束的生活方式。」

就像這樣，我們設定的並非眼前的目標，而是試著結合個人的生活方式以及畢生志業去設定目標。這種設定不需要根據。只要說出口就算贏。

例如：設定「為了愛護地球環境」這個目標。

平常如果出門突然遇到下雨，就會立刻到便利商店買一把塑膠傘。家裡明明已經有好幾把傘，結果又增加一把。為了不要囤積不必要的東西，應該選擇丟棄。可是東西都還可以用，丟掉很浪費，都是因為自己沒有把傘整理在固定的位置，所以增加垃圾。為了愛護地球環境，把每樣東西都使用到最後一刻，所以，回家後要立刻把傘放在固定的位置，避免出門時忘記攜帶。

就像這樣，**自己設定目標，失敗時就會想方設法解決問題**。這就是「前額葉皮質」的酬償系統（參照第134頁）。只要善用這個訣竅，就能夠讓平時的整理行為更接近原本的目標，並不斷浮現「想讓自己變得更好」的點子，投入「整理」。

Check

結合個人生活方式以及畢生志業去設定目標，就能把所有行為轉成「整理能力」。

3 增加個人行動的附加價值

認為就是要一口氣整理完才有效率的並列處理型，**會因為能夠對自己的行動增加一些附加價值而更有動力。**

「丟棄多餘物品」的行為，其實會造成他們自我毀滅。因為這樣一來，之後就不會再有任何連結，因而暫時失去動力。那麼，如果是賣掉不需要的東西，結果又是如何呢？把單純的丟棄增加「賺錢」這個附加價值。我們可以試著設定這種「一次可以完成兩件事以上」的目標。

比如，捐贈、重覆利用、垃圾減量、廢棄物品回收再利用，**想想自己的行動可以擺在什**

增加附加價值

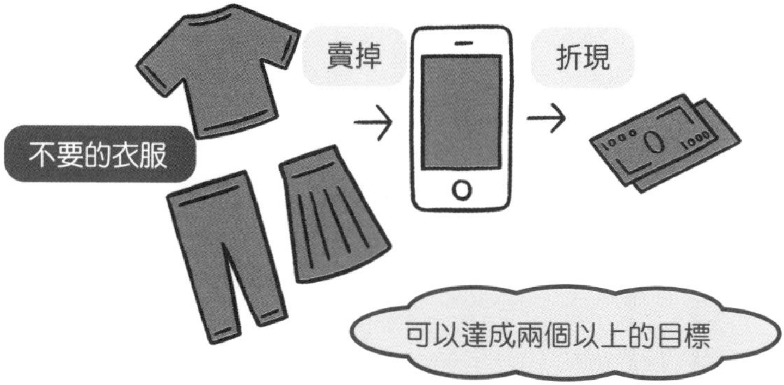

麼位置，即可連結到下一個行動。

試著在大腦內進行視覺化，把這種連結圖像化，想像可以進行怎樣的連結。只要能夠進行這樣的描繪，就會讓整理變得很有趣，甚至會想去尋找「還有沒有其他需要整理的東西」。而且，如果目標有社會性意義，就會更想進行能夠對社會有所貢獻的行動，並且會不斷促使自己進行整理。

過去的我們或許都把整理定位在「義務」或是「規範」這種痛苦的位置上。原本這些就不是可以自己決定的事。往往是因為學生時期接受到的教育、被身邊的人所要求、受到大眾傳播媒體影響，一點一滴從你大腦中無意識產生出來的。

我們的大腦會替事物與行為賦予意義。如果收集到沒意義的資訊，讓沒意義的資訊占據大腦空間，會讓大腦容量超出負荷。為了預防這種事情發生，大腦必須賦予資訊一些意義，或是依各領域彙整、與相關資訊連結以及壓縮。

「賦予意義」這個動作經常是在無意識下進行的。

你是否曾遇過一些未曾經歷過的事情，當下不知道該如何理解、頭腦處理不及，而覺得心情很差呢？當時是不是會覺得自己無法處理其他事情，也無法切換成不同的思考模式呢？其實，大腦會想辦法去避免那些狀況，並且勉強賦予一些意義，以確保大腦記憶體充足。

雖然這也是大腦的策略，但卻會讓人先入為主地覺得這些與自己的意志無關、是被勉強置入的。**不知不覺之間認為「任何人都應該要很會整理，如果做不到就是邋遢散漫」，若發現自己帶有這種令人窒息的先入為主觀念，我們就要重新設定。**

整理，連結著未來。

光是想像就令人興奮不已。

每天都能因此過得更舒適。

用這種方式重新修改設定，就可以抑制你大腦深處認為「自己就是無法整理」的想法。

Check

重新設定古老的、先入為主的觀念，用全新的觀點去掌握。

4 製作整理動線圖

那麼，實際著手開始整理，你是怎麼做？比如把整理好的東西拿到另一個地方放，然後再拿其他東西過來？這不叫整理，叫改變放置東西的位置。用這種做法，別說是整理，反而還會弄得更亂。

為何會造成這種狀況呢？其實是因為你沒有設定好整理動線。**不論是那一種工作，都有可以獲致最高效率的動線。整理也可以被定位為一種工作，因此在這項工作流程中，設定好可以一個人整理的動線吧！**

並列處理型比較擅長空間掌控及視覺化。**因此，試著先畫出自己家中的空間配置圖吧！**

接著描繪出自己「回家後～晚上就寢前」的動線。

畫出整理動線圖

①畫出空間配置圖

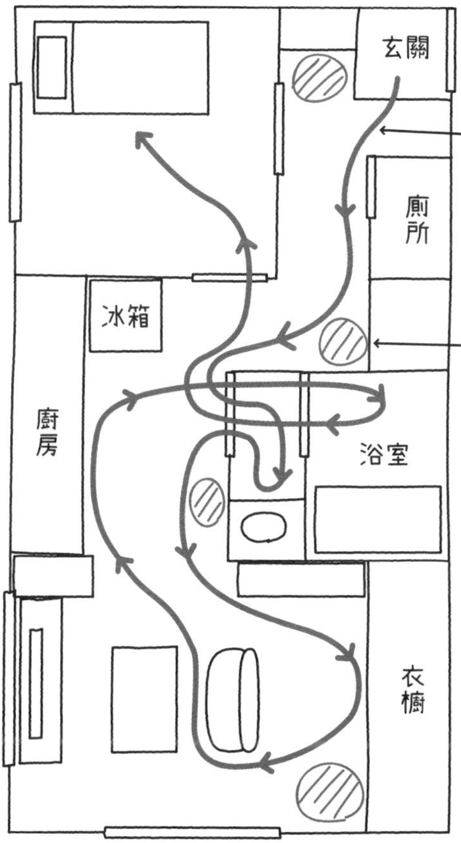

②畫出自己從回家到就寢前的動線

③在經常亂放物品的位置，劃記

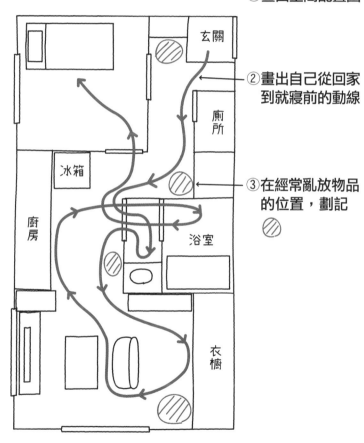

一邊畫出動線，一邊在你經常亂放置物品的位置上畫○。這樣一來，就完成了一份可以在刑事推理劇搜查會議上使用的位置圖了。我們也可以藉此清楚看出自己是如何弄亂房子的。

為何要畫出回家後的動線呢？因為人們最常在回家後把東西隨意擺放。試著畫出動線，並不是要你把整個房子大搬風，而是要讓你知道自己會移動的地方其實只有一部分而已。而且，能夠擺放物品的位置應該也有限。**如果原本就有準備可以擺放物品的位置，試著用藍筆畫出回家後可以直接前往該放置處的動線。**

先試著在心中想像自己沿著藍線移動的情景，接下來請實際走一遍。今天回家後，沿著藍線方向移動，觀察自己放東西的位置是否順暢。如果順利，東西應該不會散亂在各處。但如果覺得不順，表示雖然你知道應該要把東西放在那個位置，但是實際上卻很勉強。這時，試著把置物點（櫃子等）移動到最初畫的動線上，因為那些位置本來就是你常亂放東西的位置，所以只要重設置物點，東西就不會再散亂了。

如果走走路就能製作整理的動線，就再試著幫該動線取個名字吧！從空間配置圖看來，

畫出理想的「置物點」位置

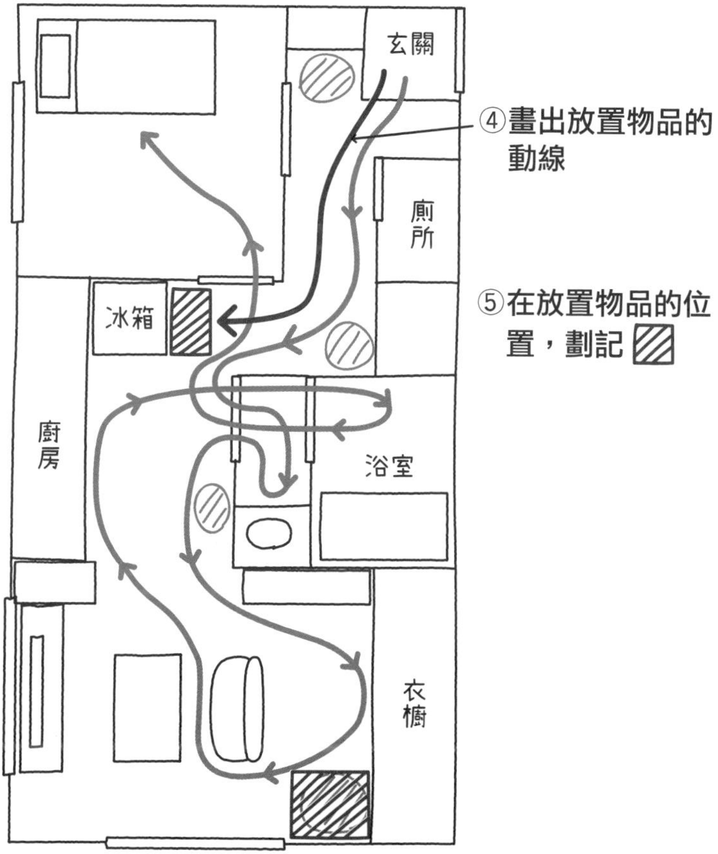

如果呈T字形就命名為「T字整理」。看起來像個ㄇ字，就稱作「ㄇ字整理」。看起來像8字，就命名為「8字整理」。實際回家走動時，想像一下從自家上方俯瞰的感覺，從各個角度想像自己「一邊整理一邊移動」的樣子，藉此進行視覺化。視覺化愈詳細，你的大腦愈容易重現該行為。

同樣的，也可以描繪辦公室的空間配置圖，並試著加入動線。假設工作時，不會移動到自己辦公桌以外的空間，就畫一個大四邊形，想像自己從辦公桌上方俯瞰的感覺。

然後，再試著描繪結束會議，回到辦公桌前工作時，會把什麼物品放置在何處的動線。你會把資料放在哪裡呢？要再重新投入工作時，會拿出那些物品？放在何處呢？試著將這些行為視覺化。

一般人整理桌子的動線通常是呈橫的8字形。從桌子左邊拿出必要文件，再從右邊抽屜拿出一些文具，回到桌子正中央開始工作，再把完成的文件放在右側。然後，再從左邊拿文件。試著用這種方式透視自己在工作時會如何移動。

你會發現原來自己的工作狀態是，「將做到一半的文件與已完成的文件放在相同的位置，取出的文具則是被隨意放置」。瞭解自己的工作狀態後，**就要順應工作流程，決定物品擺放的位置，就像我們先前提過的，要試著把動線取名字。**一邊在自己心裡面說：「命名為T字整理」，一邊從桌子上方俯瞰並進行工作，就能客觀掌控自己的行為，並妥善進行控制。

Check

命名動線，試著讓行為視覺化。

5 轉換行為模式

平常在工作或是生活中，只要稍微轉換一下行為模式，就不用特意進行「整理」。接下來要介紹五種變化方式，這些方式巧妙利用了「一有想法就展開行動，但難以持續太長時間」這點，活用了並列處理型的優點。不需要大幅變動平時的行為模式，就能夠立刻有所改變，請務必一試！

1 完成七成時，交給其他人過目

製作資料或是企劃案時，不要一次做完，做到七成就先讓其他人過目。

這樣一來，對方一定會給一些回饋。不管是感想或是建議，都可以用來審視自己的工作狀況並且更加聚焦。

原本，檢視資料、確認要做怎樣的主題、要聚焦在哪些地方等工作都是自己的事情，但是如果交給擅長這些工作的人檢查，可以補足自己沒注意到的部分，之後只要依對方的建議改善即可。

當你覺得超出負荷、不知該如何是好，**就不要勉強用自己一個人的大腦工作，試著與身邊其他人的大腦連結在一起工作吧！**不妨試試這個方法。

2 把日常任務視為特殊活動

你是否有過這樣的經驗呢？在主題樂園等地方玩遊樂設施時，必須先租借一些道具。體驗結束、歸還那些租借的道具時，會一邊喊著「好有趣！」一邊走出遊樂場。

雖然必須把使用過的道具整理好，但我們通常不會覺得那件事情「很麻煩」。

如果是非日常的特殊活動，往往會讓人覺得連整理都是一整套的體驗活動，可以心情清爽愉悅地整理。我們可以把這種「彷彿〇〇般」的非日常特殊活動嵌入日常中。

並列處理型本來就擅長「替換」。**經常運用替換方式，大腦會將替換的內容視覺化，身體就會自動開始動作。**

平常做飯時想像成自己正在上做菜節目、折衣服時就把自己當成洗衣店的店員、工作上要使用工具時就把自己當成魔術師。請用這種感覺去尋找自己心中覺得「這樣做會開心」的方式，自行設定想要打造出怎樣的情境。

因為別人不知道你打算怎麼進行，所以可以試著自行設定覺得有趣的情境。不知不覺之間，就不會覺得做那些事情很麻煩了。

3 決定一項「立刻要做的事」且務必做到

早上出門前或是上班途中，明明已經先在腦袋裡預演今天的預定行程。結果到了公司，卻先開始處理辦公桌上看到的東西，與今天早上排定的內容完全不同。各位是否有過這樣的經驗呢？

在產生新關聯性的瞬間，情緒高漲並且會把整個思緒集中在那一點上。這種靈光乍現的瞬間雖然會讓人心情非常好，但是，一旦攪亂整天的工作，原本該做的事情就會被延宕，而亂成一團。

在不剝奪行為自由，且工作安排不馬虎的狀態下，請試著遵守一個原則：**「堅持做到早上預定的第一個工作」**。

一坐到座位上，就要立刻處理自己剛剛決定好的第一項工作。不論聽到周圍任何有趣的話題，都要堅守這個原則。但是，之後就自由了。不用作出一整天的行程預定表也沒關係。

設定好並遵守這個原則，在完成第一項工作的時間點，大腦會自動連結後續的相關工作，讓工作順利進行。

也就是說，只要決定一項「立刻要做的事」，並實際做到，就能讓該行動所獲得的資訊與下一個行動產生關聯性。

設定最低限度的規則，給自己一些彈性的空間，是並列處理型能夠妥善運用自己能力的訣竅。

4 打造兩個工作環境

並列處理型的孩子，有時會因為厭倦上課，或是在課堂中突然想到一些事情而開始隨興行動，無法乖乖坐在課堂上。對於那樣的孩子，有個相當有效的因應方法。該方法是「多準備一個位置」。每當孩子腦中想到新資訊，因為情緒高亢而想要站起來，就讓他坐到另一張椅子上。等到做完想做的事，再回到原本的座位。用這個方法，可以成功幫助該名孩子好好在上課時坐在座位上。

聽完這個個案，讓我們回過頭來想想自己平常的行為。在辦公桌前工作遇到窒礙難行的問題，會移動到咖啡廳繼續工作，直到又遇到僵局，再回到辦公桌前。你是否覺得這樣的行為很熟悉呢？

因為反覆進行同樣的工作而覺得厭煩，或是有一些新事物靈光乍現時，無法耐住性子一直待在原地，就會想要離席。那種時候，如果還有一個自己可以待的位置，就會移動到該處工作。或許你已經在無意識下使用這種「準備另一個專屬位置」的方法。

準備兩個位置，雖然可以幫助並列處理型處理自己的多變行動，但這也是會讓東西散亂的主要原因。移動時，總會遺留一些東西在桌子上，必須取回來歸位。

因此，**移動座位時，先把需要的東西捆成一包吧！前提是不會一直坐在座位上，而是會在兩個位置之間移動。**為了不要因為移動而造成東西散亂，可以把欲移動的東西綑成一包方便攜帶，就能夠有效運用「改變情境」這個策略。

5 「斷捨離」慢慢減少雜物

基本上，只要減少自己的雜物就不會散亂了。想要減少雜物時，若把行動目標設定成「捨棄不必要的東西」，反而會變得更難以抉擇。重點應該是要把「斷捨離」視為最終手段。然後，必須試著在「斷捨離」這件事情上設定目標。

針對這一點，**並列處理型的「完全變身」能力很有用。比如，打算成為一名背包客，必須能夠在旅程中自由隨著世界資訊改變自己。**當然，行李愈少愈好。為了隨時改變成不同的自己，不要攜帶會僵化自己個性的東西，僅攜帶最低限度的必需品即可。

用這種感覺，試著決定自己想要成為的狀態。實際去嘗試並逐漸限縮必需品。最終就會發現自己其實只要擁有某種程度就足矣，進入這個階段後，東西就不會再散亂了。

試著把自己變成一個「不會被任何東西束縛的人」吧。

第五章

專注力up！工作效率大大提升

工作的「5S攻略法」

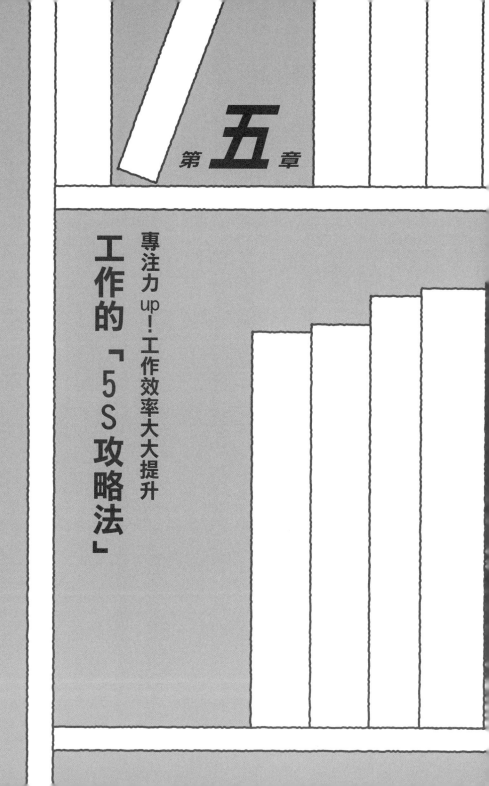

1 為了穩定發揮能力

有人說，在公司工作的意義之一是學會持續性。

不論成果有多好，如果無法持續重現好的成果，就無法獲得良好考績。如果是公司的經營者，則無法建立事業版圖。

對並列處理型而言，他們的課題就是持續性與穩定性。因為他們傾向於只關注有興趣的事物，對自己沒興趣的事情則漠不關心，最後往往會導致生產力下降。

為了能夠持續發揮自己的個性、不因自我滿足而中止，並且對社會作出貢獻，我們必須把持續性以及穩定性當成一種技術來學習。這時最有效的方式就是把「5S」當成習慣。然而，這裡所指的並非一般常聽到的「5S」，而是對並列處理型而言的「5S」。

2 對大腦而言，「5S」的意義是？

在工作方面，「整理」這件事情的最佳代表範例就是「5S」。

一直以來，我們在社會環境的潛移默化下，行為模式都是「社會人該有的樣子」，有時候或許還會作成標語，隨時督促你我要注意。

但對並列處理型而言，最重要的是那些規則的意義。因為他們通常只會採取有目標的行動，如果不瞭解意義何在，就沒有意願行動。

為了貫徹5S，必須設定目標：「想讓自己成為〇〇，所以要執行5S」。如第四章的內容，不要讓他人決定你的目標，而是要自己決定。首先希望各位能夠思考5S對自己的大腦而言有什麼樣的意義，試著重新定義專屬於自己的5S。

1

整理（Seiri）

節省選擇物品所消耗的能源

一般來說，「整理」的意思是，**「把東西區分為必要以及非必要，僅留下必要的東西，剩下的全部捨棄」**。

僅留下必要的東西時，可以減少手邊需要處理的選項。**「減少選項」對大腦而言有重大的意義。**

你**會覺得選項較多，是富足的證明嗎？**

比如找工作時，與其沒有選擇的餘地，如果能夠有好幾間滿足自己條件的企業，在心情上就會顯得比較輕鬆，而對未來抱持著希望。有了這種經驗，在無意識中就會覺得選項愈多愈好，當自己的行為受限，就會覺得不自由而感到無趣，覺得自己得到的東西不夠多。

整理的好處是？

✖ 東西散亂
→「拿在手裡判斷該物品是否必要」
這件事會導致大腦疲勞

○ 不要擺放無謂的東西
→可以節省大腦用於選擇的能源

Check 整理好桌子，就可以預防大腦消耗能源

然而，有時候選項過多反而會讓你感到疲憊，變成達成目標的阻礙。這個部分與**大腦的能源策略**（參照左頁）有關。

「增加選項」的意思是，「使用與目前不同的神經迴路」。拓展新迴路時，必須通過平常為了「節能」而處於待機狀態的神經，所以要先啟動那些處於休眠狀態的神經。

這樣的大腦活動現象不僅會在思考人生之路等重大選擇時出現，也會在日常生活中進行一些小選擇時出現。比如，看到桌上放了傳單，隨手取一張來看的小動作也是一種大腦活動。

工作中，如果一直去拿傳單或是雜誌來看，大腦就會把命令執行該行動當作是神經的主要迴路，**使用於專注工作的迴路處於休眠狀態，所以接下來要啟動工作模式迴路就會需要大量的能源。**

「不要擺放無謂的東西」「捨棄那些不確定是否必要的東西」，都是**能夠有效預防大腦消耗無謂能源、疲憊不堪的有效方法。**

針對「大腦能源策略」，我們必須知道的事

規劃、命令大腦行動時，神經細胞會透過神經元，將資訊傳遞至下一個神經細胞。至於會將資訊傳遞到哪一個神經細胞，則是會優先選擇過去曾做過傳遞工作的神經細胞。

神經細胞傳遞資訊後，會在神經細胞以及神經元上留下一些電流活動，並且處於「待機狀態」，等到下次又有電流活動即可立刻啟動，就此決定大腦經常使用的迴路。

這樣的機制會因為我們的喜好、行動癖好或是習慣而決定，但是對大腦而言，這是一種「節能策略」，即不需要使用多餘能源即可讓處於「休眠狀態」的神經細胞啟動。

平時的行為是……　　成為喜好、行為癖好或是習慣

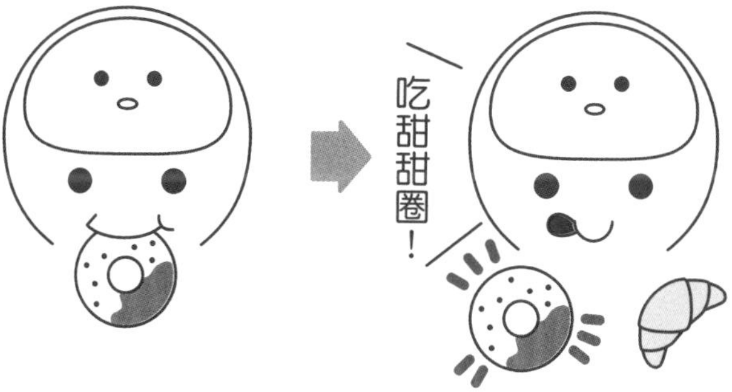

▼妥善運用大腦能源的訣竅

話雖如此，但是當選項過少，總是通過同一條神經迴路，其實也不好。在需求與供給的關係中，使用的能源愈少，能夠創造出的能量也會變得愈來愈少。**必須適度拓展休眠狀態下的神經細胞，因為如果無法增加製造用能源，也會讓人逐漸失去動力。**

對大腦而言，開拓50％的新迴路被視為最適當的能源效率，可以透過復健（rehabilitation）讓大腦拓展50％的新迴路。

例如：手部無法活動的腦梗塞患者，想藉由復健讓手部恢復活動力，但目前已觀察到，實際進行復健時，大腦部位中較為活躍的位置其實與手部活動並無關聯性。這一點明顯表示，該復健的行為會加重大腦負擔，患者也會因此變得疲憊不堪。

因此，為了不要讓大腦有過多活躍的部位，必須將復健難易度設定在可以確實達成的範圍內，才能降低無謂的能源耗損，讓無法動彈的手可以重新活動。同樣地，**當我們想要解決難題、精進自己，重點是要讓新挑戰少於50％。**

具體來說，面對工作上的挑戰，為了儘量減少日常生活中的無謂選項，應該避免擺放不必要的東西在桌上。另一方面，如果工作非常制式、一成不變，反而可以試著擺放一些新東西作為刺激。藉由這種方式配合目標、改變整理方法，可說是非常有並列處理型特色的整理方式。

不固定座位的運用方法

不固定座位（Free address）的目的是要活化創造力。與平時不會談話的人溝通、看一些平常沒注意到的東西，藉此產出好創意。我在各大企業舉辦講座，向各個員工說明目的並導入這種「不固定座位」的方式，結果發現一個月後，幾乎所有人都還是坐在相同的位置上。而且，在這種情況下，主管附近的位置通常都沒人坐，經常讓主管感覺好像被孤立，進而產生無謂的不安：「我是不是被大家討厭了呢？」

為了讓「不固定座位」的效果達到最大，讓我們試著從**「大腦的能源效率」**觀點重新審視其意義。當員工總是坐在相同位置，通常是要開始一個新專案、面臨旺季，或是家庭內發生重大變化時。

也就是說，當大腦無法預測的比例超過50％以上，大腦就會儘量避免更進一步的變化、選擇能夠縮小預測差距的行動，因而會採取平常比較習慣的行動。

也就是說，「不固定座位」的政策會造成每個人大腦多餘的負擔，員工會想要避免這樣的行動，造成公司採取的政策與員工行為背道而馳。為了預防這樣的狀況，建議的方式是**限定「不固定座位」的期間**。

執行新專案時，採用「不固定座位」法可能會有點窒礙難行，但是當團隊、部門、某些單位已經決定好新目標或是度過旺季，這個方法反而能夠推波助瀾。

開始執行新專案時，就要暫時解除「不固定座位」的政策。

因為大腦要準備挑戰一些無法預測的事情，所以我們必須增加工作環境中可以預期的條件。另一方面，當專案上了軌道、進入淡季，就可以再度啟動「不固定座位」。因為大腦有充分、多餘的力量可以去面對無法預測的狀態。不讓大腦覺得制式的工作無聊，有助於運用從新工作環境中獲得的資訊。

並列處理型在新環境中工作，往往會過於興奮，徒增無謂的想法，因而無法回到原本應該全力以赴的工作，只是窮忙卻做不出成果。**如果想要運用「不固定座位」法，請考量「為了不給大腦負擔，執行新工作時，最好固定座位」，讓自己能夠順利完成工作。**

整理的重點

- **開始執行新工作時**
  ↓桌上不要擺放無謂的東西
- **進行制式工作時**
  ↓擺放一些新東西，藉此刺激大腦
- **無謂的想法增加時**
  ↓固定座位、找回專注力

2

整頓（Seiton）不要讓大腦看到多餘的東西

「整頓」的意思是，「簡單易懂的分類以及配置，讓任何人都可以在必要時取出必要的東西」。但並列處理型在分類方法上擁有「自己獨特標準」（參照第80頁），往往只有自己知道東西擺放位置，對他們來說，或許會有些抗拒「讓任何人」「簡單易懂的分類」這幾個條件。

因此，讓我們試著用另一種方式思考。**保有自己的底線，只將「與他人共用的東西」分類成「讓任何人」都簡單易懂的狀態**。甚至可以採用他人的標準，也就是用所謂的刻板印象分類法，將平常容易散亂的東西彙整成一項。

這樣一來，大腦就不會看到多餘的東西。並列處理型也不會覺得太過背離自己原本的分類方法。

∨讓所有人都能清楚知道共有的東西

比如，**必須給主管過目的文件或是企劃書的擺放位置，或像是訂書機、剪刀等常使用到的文具，都必須放置在「所有人」都能清楚知道的位置**。事先決定好進行制式工作的必需品擺放位置，只要一有想法就可以付諸行動，對於經常忘記把東西扔在何處的並列處理型而言，可以說是相當方便的方法。

並列處理型只需進行這樣的「整頓」，剩下的可以自由隨意。個人專用物品，可以在不違反「分類」的狀態下，自由配置。因為只有自己能夠找出其中個別意義並運用，不會損害他人利益，所以請安心打造自己的世界。

整理的重點

- **共用的東西，必須用他人的標準進行分類**
  例：筆或是文件等↓不要隨意擺放，應放在固定位置
- **個人的使用物品可自由分類**

3

清掃（Seisou）掌握微小的變化

對醫院或是製造業而言，**「清掃」**不單是指打掃的意思，還包含**「一邊清掃，一邊環顧四週，仔細觀察環境細部狀況，檢查是否有所變化」**。

「在堆積如山的文件下方找出必須回覆的重要信件，而被嚇得臉色慘白」，你是否曾有這樣的經驗呢？**清掃的重要性就是為了預防這種漏看、不注意，或是突然忘記等失誤。**

我們的視覺基本上具備能夠察覺變化的功能，可以在無意識中察覺、注意與先前看過影像不同的地方，並且同時釋放出「去甲基腎上腺素」這種神經傳導物質，讓大腦清醒。

「去甲基腎上腺素」會讓人產生不安或是焦慮的情緒，藉此讓人察知危機狀態，使大腦維持清醒。比如回到家、打開玄關門時，突然發現有一個平常不應該擺放在該位置的東西，大腦就會轟地一聲瞬間驚醒，處於精神緊繃的狀態。察覺變化的功能是一種用來抵禦外敵、保護自己不陷入麻煩的自體免疫能力。

這種會自動啟動的「察覺變化功能」對於預防不經意的錯誤相當有用，當然，愈容易理解的變化，愈容易達到效果。如果是有經過整理的桌子，就可以在放置郵件的當下察覺郵件要儘快回覆，並做出因應。但是，如果經常改變桌上放置的東西、變更東西的位置，就無法輕易察覺放置郵件這種變化不夠大的狀況。

我們可以藉由清掃這件事，檢查自己所使用的東西或是工作所需的必要空間，預防不經意的錯誤，並且進一步自動因應那些突然插入的非預期工作，有助於完全運用大腦功能。

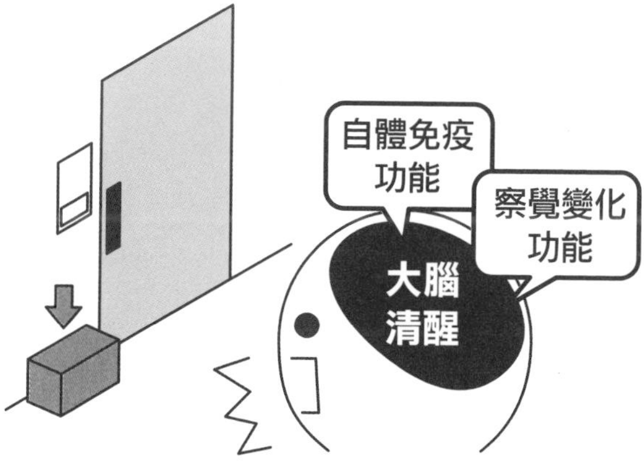

▼打造一張可以適度變化的桌子

工作時往往會突然插進來一些超出預期的事情，所以儘量不要放一些雜物在桌上。但是，如果工作上一直沒有發生超出預期的事情、變化過少，也會導致專注力下降。

這是心理學家羅伯特・耶基斯（Robert M. Yerkes）和約翰・迪靈漢・多德森（John Dillingham Dodson）所提出，廣為人知的「耶基斯-多德森定律（Yerkes - Dodson law）」。如同散亂的桌子以及非預期插進來的工作，變化過多時，大腦的警覺度會下降、變得對事物麻木。相反的，變化過少也會造成警覺度下降。

我們專注於處理工作時，外在環境變化過多或是過少都不行，50%的變化程度最能讓大腦處於清醒、專注的狀態。如果做成圖表，縱軸是大腦清醒狀況（效率），橫軸則是變動的刺激（動機），會成為一個倒U字形，一般稱作「倒U曲線」。

先前我們談論過大腦能源效率（參照第163頁），突然有非預期工作插進來時，「**為**

了能夠快速察覺變化，必須把桌子清掃乾淨」。遇到可以用自己的步調、輕鬆完成的工作，因而覺得無聊、想睡時，則可以採取「**每天變更一項擺放在桌上的裝飾品等，給予大腦新鮮刺激**」這種高明的清掃方法。

清掃的重點

- **不要放置雜物的好處　↓能夠察覺到微小的變化、儘快做出因應**
- **想要促使大腦清醒時　↓試著變更一項放在桌上的物品**

4 清潔（Seiketu）有助於健康管理

這個部分我們試著以醫院或是製造業為例來思考，這些業種在執行業務時的重點是必須安全且確實進行衛生管理，以確保維持不會滋生病菌。進行工作之前都有固定的SOP，如清潔指甲、頭髮、消毒，每次完成工作都必須洗手等，這些都是理所當然的。

∨維持清潔與健康管理息息相關

另一方面，對公司員工而言，談「衛生管理」可能根本不痛不癢。衛生管理的目的在於確保服務與商品的品質，然而，**公司員工本身就代表一種服務或是商品。在此，試著把衛生**

管理替換為健康管理吧！

公司員工雖然有出勤上班，但是因為身體狀況不佳而無法發揮應有的工作效率，這種狀態稱之為「**假性出席**」（**Presenteeism**）」。研究發現，這種「假性出席」會造成生產力下降而使企業蒙受損失，因此認為「確保員工健康」與「提升企業生產力」是有所關聯的。目前各個企業開始積極以「健康管理」的概念為基礎，策略性地採取能夠促進員工健康的活動。

造成「假性出席」原因第五名是咳嗽、鼻塞等感冒症狀。或許各位會覺得每個人都有可能生病，但是我們必須思考的是，這些原因之所以會造成公司員工健康受損，其實有一些理由存在。

事實上，某項實驗曾以「必須使用電腦進行工作的人」為實驗對象，發現他們在工作時，每五分鐘便會去摸自己的臉一～三次。請你也試著回想一下。使用電腦工作時，是否也會在無意識下摸摸眼皮或是鼻子呢？

從生理學解釋「摸臉」這個行為，其實是在將手上的病菌透過黏膜、進入體內。人們經常認為自己是一個獨立的生物，事實上我們是由數兆個無害的微生物集結而成。這些微生物可以幫助食物消化、調整免疫力、擊退病菌等。其中，當感冒病毒不小心入侵眼睛或是鼻子等黏膜，感冒病毒就會成為微生物集合體的一員，進而繁殖出更多的病毒。於是，我們就感冒了。

因此，**有效預防感冒的方法就是不要摸臉**。看似簡單，其實做起來非常困難。跟據統計，使用電腦進行工作中的人，每天的摸臉次數約為兩百～六百次。為什麼會在電腦工作者身上發現這樣的行為呢？

研究認為，這與能夠促使大腦清醒的物質——組織胺（histamine）有關。組織胺雖然負責促使大腦清醒的工作，但是增加過度時，會讓一些容易敏感的地方發癢。使用電腦進行工作，往往會讓大腦過度清醒。當大腦獲得比平時更強烈的清醒條件，必須有所因應，於是大腦就會增加組織胺。一旦組織胺增加過度，就會造成身體發癢而讓人無意識地想去摸臉。

「清潔」基本上就是洗手、漱口。對於大腦被迫過度清醒的公司員工而言，應當避免在工作的時候觸碰臉部。此外，工作前後都必須洗手、漱口，這可以說是在工作中維持自我價值的重點。

清掃的重點

- **健康管理是提升生產力不可或缺的**
- **記得洗手、漱口**
- **使用電腦進行工作時，注意不要亂摸臉**

5 紀律（Situke）

控制情緒，自律的舉止

5S的最後一項是紀律（Situke）。這個詞彙或許較不常聽到，是指透過訓練讓人的行為舉止符合社會規範、規律與禮儀。**社會人士往往被要求必須妥善控制自己的情緒**。對大腦而言，改變自己動作或是行為舉止，在情緒控制方面也有相當大的幫助。

∨降低大腦容量負荷、控制情緒

首先，我們來看並列處理型常見的「堆疊物品」。

為什麼會堆疊物品呢？恐怕是因為原本的位置已經堆滿了，或是忘記歸位、忘記處理該項文件，所以我們必須有意識地預防那些情形：

試著找出不會隨意放置、可以直接將工作完成的方法。

只要不忘記該做的事，就可以預防東西亂放的問題。**那麼，各位認為大腦一次可以記住多少事情呢？**

答案是四件。一次只能記住四件事情，或許會覺得有點少。比如，你為了不要忘記「填妥文件，放入回信信封後寄出」這項工作，就把郵件放在桌上。這時，已經使用了1／4的大腦容量。你想做其他工作，於是看了一下修改的資料，這樣是2／4。過程中，因為很在意是否有新的郵件進來，所以就開了一下電子信箱，這樣是3／4。打開電子信箱後，發現有一封必須立

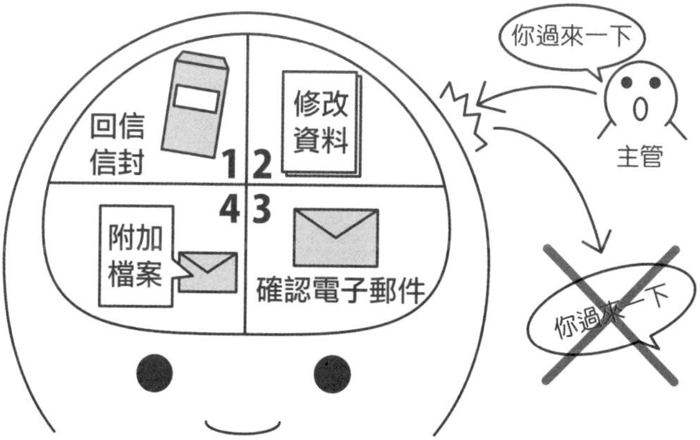

即回覆的郵件，所以就從檔案中尋找必須附加在該封郵件上的檔案，這樣是4／4。這時候，主管呼叫：「〇〇，你過來一下」，這樣就已經是5／4了。

到這裡時已經超量。超過大腦容量負荷的你會對主管的呼喚作出怎樣的反應呢？或許會感到很焦躁，「竟然挑在我這麼忙的時候！」但是，對主管來說，何罪之有？

目前我們已經知道，在大腦容量超過負荷時受到刺激，會增加壓力指標——皮質醇。原本是為了不要忘記而堆疊在桌上，結果卻會使用到僅有四個位置的大腦容量，變得更容易忘記事情。這時可以試著採用我們在第90頁中提到過的「依序堆疊法」，以及第148頁「完成七成時，交給其他人過目」等因應對策。

用這種方式改變平常的行為、管理大腦容量，進而控制情緒吧！

∨ 手上還有東西，就不能再拿其他東西

工作能力較強的人，行為舉止通常也很優雅，或許是因為他們有受過社會洗禮，被訓練出來的。即使達不到優雅的行為舉止，為了讓並列處理型者提高生產力，有些事情希望你務

必要求自己做到，那就是「只要手上還拿著東西，就不能再去拿下一個」。

突然想到一些點子，大腦就開始描繪情境，並且非常希望能夠早日實現而興致高昂。或許還會因為心急、沒有想太多，而快步奔跑，造成手邊工作明明還沒結束就離席。想想自己現在的動作，是不是單手還拿著東西，又手忙腳亂去拿其他東西呢？

你我或許都有過這樣的經驗。明明正在談論某個案件，手上卻拿著不相關的東西，被問到：「為什麼要拿這些東西呢？」只好急急忙忙藏起來。一隻手還拿東西，卻又把手伸向其他東西，最後失去平衡而導致東西四處散亂。

首先，試著放下手上拿的東西。只要這樣做，舉止就會變得很優雅。移轉到下一個行動時，要暫時放好手上的東西。請試著有意識地進行這樣的行為，應該就可以妥善控制團團轉不停的自己。

∨重視實際的感覺

並列處理型的人，經常沉溺於自己的事情，事後再將個人行為合理化。對於這種一有想法就採取行動的情形，每每被他人提出指教時，就會以牽強的理由強辯。整個人變得情緒化、用很強勢的語氣說話，事後又感到後悔，這些都是在社會規範上比較不受歡迎的行為。

他們常用的藉口是「如果不亂成這樣，我就無法工作」。

我認為這也是為了事後將個人行為合理化而說出來的理由。本書不是為了將散亂的行為「合理化」，而是為了幫助大家提升生產力，希望有相關困擾者可以依循一些有根據的方法，重新設定自己的大腦。

關於事後合理化的行為，有一個知名的實驗——「擇盲現象（Choice blindness）」，這個實驗讓受試者一直觀看異性的臉部照片，詢問受試者喜歡哪一張，然後將回答喜歡的照片交給受試者，並且詢問喜歡該名異性的哪些部分。

實驗過程中，其實有一次會把受試者並未選擇喜歡的照片交給受試者。

結果發現，受試者拿到該張其實不喜歡的照片時，還是可以流暢地說出喜歡該名異性的理由。不論在事實上是否有落差，都說明了人們事後會將行為合理化的現象。

關於我們會在無意識中，事後將個人行為合理化的理由如下。

我們認為比起自己「做了什麼」，做了什麼之後「身邊的人怎麼看待自己」更為重要，所以為了讓自己的行為受到肯定，應該想辦法讓該行為合理化。

上述這些動作是在大腦中哪一個部位進行，目前尚未明朗。

那麼，**事後將行為合理化其實不是故意的，而是自動開啟的**。當這些行為自動且頻繁地出現，與事實有所落差時就會讓自己感到焦慮與不安。再者，還會陷入一直把個人行為合理化的惡性循環。

這個部分，各位或許曾在社群網路上經歷過。吃飯前要先拍照上傳。其實自己並沒有意識到為什麼要做那些行為，身體很自然地就會開始行動，即使是一些瑣碎的行為都希望周圍的人可以更關注自己，所以拚命上傳「自己正在做些什麼」。

擷取每天都很有趣、與大家一起玩得很HIGH、很充實、賦予正面意義的部分行為後上傳，藉此持續將與自己判斷不同的價值觀合理化。

本書出版的目的是為了讓各位能夠依自己的目標進行整理。

為了不要讓自己的大腦比起事實更在乎「他人怎麼想」、避免被「事後合理化」所支配，我們必須矯正自己的行為舉止。

這個部分應該可以透過整理，實現成為「真正的自己」。

紀律的重點

- **降低大腦容量負荷、控制情緒**
- **暫時放下手上的東西**
- **做任何行動都必須擁有個人目標，避免事後合理化**

第六章

整理大腦的資訊

打造專屬環境，不斷冒出好創意！

本書的目標是要充分運用大腦的優點。不僅是要整理周遭環境，本章節也來整理一下大腦中的資訊吧！整理大腦資訊時突然出現的創新想法，我們稱作「靈光乍現」。你的大腦其實很擅長靈光乍現。不過，當我們正襟危坐、在緊急時刻下往往很難想出好創意。為了在一決勝負的時候能夠贏得勝利，讓我們**把偶然的靈光乍現變成「必然」**吧！先瞭解大腦能夠靈光乍現的條件，整理並且打造滿足條件的環境。

1 為何「雜亂的桌子」容易出現好創意？

愛因斯坦的桌子就相當雜亂。

他是人類史上有過諸多重要發現的科學家，是歷史留名的發明家，開創新文化的巨擘。然而，不少談論都直指他家中、書桌堆滿東西，相當雜亂。

不論談論的內容真偽，讓我們來整理一下，究竟在雜亂的環境中是否真的比較容易靈光乍現呢？

大腦出現創意的條件是？

大腦出現創意好點子的機制，迄今仍是一個謎團。但是，我們可以舉出幾個能有效使靈光乍現的條件。

「想法就是突然從天而降。」

很多人都可以感受到靈光乍現的當下，這在科學上還無法解釋，所以讓我們試著稍微剖析、整理一下。

我們之所以會覺得「突然」，可以推測是因為靈光乍現往往發生在「正在進行毫無關聯的事情時」。

比起拚了命思考，靈光乍現反而經常發生在進行其他事情時（前提是你已經收集足夠的材料資訊）。

「想法從天而降」給人一種感覺：「不是自己造成的，彷彿有一股神秘力量在運作」。靈光乍現時的大腦，與其說會對該想法產生「這個太棒了！」「這個不行！」的情緒，其實反而是處於一種旁觀者的狀態。

這種靈光乍現，會藉由三大條件重現。

① 汲取「眾多領域的資訊」
② 讓自己處於放空狀態
③ 以旁觀的角度看待浮現的創意

接下來會分別詳述。

1

汲取「眾多領域的資訊」

▼策略性地把桌子弄亂

為了靈光乍現，必須先做功課，比如大量流覽相關資訊等。

話雖如此，如果只是收集類似的資訊，是不會產出什麼好創意的。**新的想法往往會在連結乍看之下毫無關聯性的東西後產生**，所以我們必須儘量獲取大量的、各種領域的資訊。

這時候再加上一張「雜亂的桌子」會更有幫助。先前我們曾經提到，在桌上擺放存錢筒或是英雄玩具公仔等與工作無關的東西，也可以讓大腦經常性地獲得資訊。比如，桌上也可以擺放經濟學書籍或是藝術畫冊等，用類似這種感覺擺放各個領域的書籍，這些東西能夠轉為資訊傳達至大腦，成為靈光乍現的材料。

關於這個部分，我們要的是「能激發靈感的雜亂桌子」，而非「毫無用處的雜亂桌子」——堆疊著同一種類的文件山，或是因為義務而不得不讀的書籍。這些只會無謂地占用大腦容量。

為了產生靈光乍現的好創意，**現在就開始有意識地放置一些與目前手邊工作不同領域的東西吧！**這是讓大腦有限容量可以與靈光乍現連結的小秘訣。因此，為了傳送一些跨領域、可以讓人靈光乍現的資訊給大腦，就要**策略性地打造出一張「能激發靈感的雜亂桌子」**。

∨ 不要把用來觀賞的東西混雜在實際工作的空間內

從客觀的觀點觀察自己的行動。不論是辦公桌還是房間，我們都不會使用到所有的角落。自己坐的位置、行走的動線都是固定的。因此，在實際進行工作的空間（情境）裡，應該可以打造出一個用來放空、欣賞風景的空間。然而，重點是不要把它們混雜在一起。

開始工作的時候，如果還要先找文件在哪、文具在哪，工作效率就會大大降低。筆記用具或是文具、USB記憶卡等物品要擺在固定的位置，不要全部攤在桌上。

如何打造靈光乍現的環境

秘訣是要
汲取眾多領域的資訊

→ **策略性地打造出一張「雜亂的」桌子**

→ **不要把用來觀賞的東西混雜在實際工作的空間內**

→ **顏色、尺寸一致**

→ **定期改變「雜亂」的情境**

（嘗試交換放置的位置、有些東西收入抽屜、替換桌上放置的物品等）

實際工作的空間
（清爽簡單）

用來觀賞的空間
（放置會讓人怦然心動的東西）

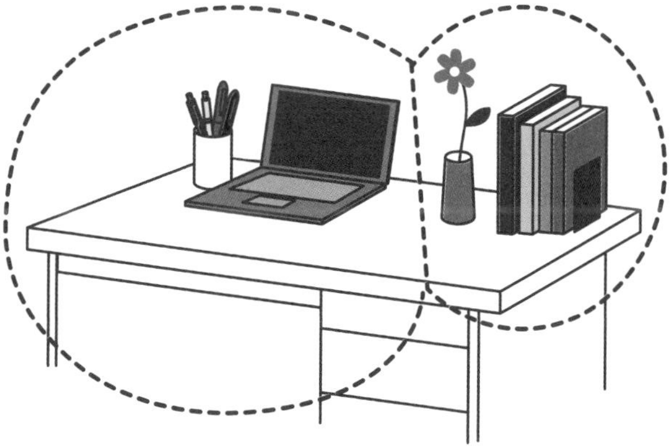

試著努力讓觀賞的空間賞心悅目。思考事情時，映入眼簾的東西必須是「在常見的環境中，稍微有些變化的東西」，這個部分之後再詳細說明。大腦會對眼睛看到的東西賦予一些意義，因此如果把所有東西都混雜在一起，再一一賦予意義，大腦會非常疲累。**所以我們可以試著有意識地讓「顏色」或是「尺寸」一致。**

∨ 區分顏色

要讓大腦能夠毫無壓力地觀賞各種領域的東西，最好能夠讓部分用來構成視覺資訊的東西一致。因此，讓我們試著大致來區分色彩吧！用冷色系、暖色系、黑白灰的方式，把近似的顏色集合在一起。這樣一來，即使資訊混雜，看起來也不會那麼雜亂。

這些視覺資訊與大腦的預測有很大差異，大腦會把它們通通記憶下來，作為下次再次看到時的預測資訊。然而，當與預測不同的資訊愈來愈多，大腦要記憶的東西也會跟著增加，光是這樣就會造成大腦負擔。一旦混入的資訊超過原本用來產出創意所需時，就會成為負擔。

因此，為了不要因為過多領域的資訊造成多餘負擔，**只用顏色去區分，才不會背離刺激大腦的本意**。在無意識的放空狀態下，看著暖色區或是冷色區，並且伸手拿取映入眼簾的東西，這樣的行為可以幫助自己在不勉強的狀態下，自然而然地讓各種不同的資訊傳遞至大腦。

∨區分尺寸

東西的尺寸大小也是視覺資訊的一部分。前面曾談過整理書架時吊橋型或是波浪型的收納範例，主要就是根據尺寸來分類的方式。不限書籍內容，在後方放置尺寸較大本、前方較小本，或是右邊放置較小本、左邊較大本。這與色彩分類是同樣的道理，**書的內容雖然不同，但是只要尺寸一致，乍看之下就會給人一種很整齊的印象**。

有些人會把桌子的整體樣貌看成是前方是街道、廣場，後方是林立的大樓或是森林。並列處理型的空間掌控能力優秀，這種視覺化是他們最擅長的部分，甚至有時還能從桌子的樣貌浮現出故事情節。比起散亂不堪，這樣的配置更能夠幫助靈光乍現。

∨定期改變「雜亂」的情境

要讓大腦有動力，最好將環境設定為「好像有一點改變」的狀態（參照第五章）。在肉眼所及的環境中，只要掌握某些地方的變化或是與預測有所不同的部分，即可提高大腦「想知道」的動機。

準備一張「好像有點卡卡不太順」的桌子，資訊反而會在不知不覺中進入大腦。

因此，與其去整理雜亂的桌子，不如試著改變對大腦的觀點。不要改變色彩以及尺寸的分類方法，只要試著替換放置的位置即可。把桌子當成是一個可以比賽的運動場，也可以用一種替換一般選手與候補選手的感覺，試著替換原有的物品。

不自覺瞄到桌上物品時，如果察覺到「喔！有改變耶！」應該就會特別注意那些有所改變的狀態，重新審視先前看過的情境。如果在視覺資訊中被賦予新的意義，即使是相同的東西也能大幅改變其在大腦中的存在意義。

2 讓自己處於放空狀態

取得其他領域的資訊後，在無意識的放空狀態下，**大腦會啟動被稱作「預設模式網絡（Default Mode Network，以下簡稱ＤＭＮ）」的神經迴路。**無意識地向外眺望、閉眼靜坐、睡覺時，這個網絡會變得比較活躍。

ＤＭＮ所扮演的角色還有很多不明之處。**目前已經確認的是，ＤＭＮ會整理大腦內的資訊，並將資訊轉變成可以使用。**

為了方便理解ＤＭＮ的運作，我們試著把大腦與胃部當作同樣的內臟器官。胃部不僅負責積存食物的工作。還要溶解積存的食物，將其分解成營養素。食物被積存、分解為營養素後，才會對我們的生命產生助益。

大腦也是一樣，光是存取資訊，對大腦而言並沒有任何幫助。必須分解資訊、拆解成各個條件，此外還必須與其他資訊結合、修飾、刪除不必要的資訊，才能對大腦產生助益。而負責這些工作的就是ＤＭＮ。

當我們努力研究或思考某些事情，往往會覺得獲取資訊很重要。但是，**也可以試著「把在大腦內加工這些資訊的過程」重新定義成是思考的一部分**。於是，自然而然就會產生一些創意點子。

▼切換工作狀態，有意識地放空

並列處理型會希望在狀態良好的時候，一股作氣整理完所有工作。大腦會先收集資訊，再進行彙整並產出有用的資訊。因此，**如果工作時受到阻礙，大腦的運作就會突然變得非常沒有效率**。

因此，只要可以像在決定別人的事一樣，決定自己專注或是放空的時間，就能夠客觀地管理大腦運作，有效率地重現靈光乍現的狀態。

首先，**試著在思考停滯時，斷然起身**。你會發現每次有資訊進入大腦時，只要去狂吃一頓、從座位起身亂走一陣子，或是去一下廁所就能立刻想通。因為這樣做能夠幫助大腦切換至DMN。**如何果斷切換工作狀態？能夠成為提高工作效率的區隔點。**

只要能夠掌握到專注力下降的細微訊號，就能順利切換大腦內部網絡。

覺得想打瞌睡，才趕緊從椅子上起身，這時的判斷已經太遲了。想要打哈欠、想伸伸懶腰時，大腦其實已經開始進入睡眠狀態。

前一個階段是發現自己在閱讀文章時，同一行竟然讀了兩、三次，這就是「微睡眠（Microsleep）」現象。這時的大腦已經混入睡眠腦波，雖然沒有睡眠的自覺，但其實已經開啟睡眠狀態。

再更前一個階段，專注力消失時，眼球會微微運動、視線會稍微飄向其他物品。這是一種「微跳視（microsaccade）」現象。感覺自己無法專心、眼神會一直飄去看一些無關的東西，其實從這個階段大腦就開始睡了。

這些就是大腦發出的區隔訊號。**工作的時候，只要出現一點點些微的訊號就要果斷、立刻離開座位。藉由放空、閉眼等行為啟動DMN。**這個判斷的速度會影響工作效率。

∨把握洗臉、刷牙等碰到水的時機

最容易開啟DMN的時間點就是「碰到水」的時侯。很少有人能夠在洗臉、刷牙、沐浴、上廁所等一些會碰到水的地方深入思考，通常只會無意識地放空並進行相關動作。所以就讓我們好好利用這些時間點吧！這是大腦最容易消化資訊的時間，請不要浪費地拿來滑手機。仔細回想一下，各位應該都有過在輕鬆入浴、仔細洗臉或是刷牙時，突然茅塞頓開的經驗吧！或者你可能有注意到，當自己處於無法預期未來狀況、新事件不斷出現的狀況下，往往會無意識地花時間入浴或是整理儀容。

不要把大腦內的資訊整理作業交給「偶然」，為了特意重現靈光乍現的場景，請多多把握會碰到水的時機。

建立資訊斷食空間

進行大腦內部整理時，必須啟動DMN。但智慧型手機會干擾DMN的啟動，如果手機隨時開機，資訊不斷流入大腦，大腦就只能使用執行控制網絡（executive control network，以下簡稱ECN），而不是使用DMN的空間。

因此，有意識地保護大腦不受資訊入侵、建立一個資訊斷食的空間吧！進入該狀態時，別說是智慧型手機，就連運動型手錶等資訊終端機器都要全數淨空。就像是為了保護自己不受病菌攻擊，所以必須進入無塵室的感覺，藉此預防外來資訊入侵。

專注與放空的合理使用

DMN扮演著彙整大腦內資訊的角色，同時也是認真工作時會進入的一種狀態。

靈光乍現必須透過DMN。然而，也不是一直放空就好。DMN過度運作，等於是處於一種不停煩惱的狀態。若過多的想法一直占據大腦，很明顯會消耗大腦能量。相對於使用ECN，大約會消耗二十倍的能量。

事實上，**平時就有意識切換工作狀態的人，遭遇煩惱的情境時，通常不會拖泥帶水，並且可以再度回到ECN。**

如果平時就能有意識地切換大腦網絡、打造不會煩惱的大腦，比起還要花精力消除煩惱，是否更為輕鬆簡單呢？

集中精神、取得資訊，偶爾放空一下，然後再次專注。要能夠採用這種工作方法，必須去思考「不論任何情況都不要被情緒影響，必須做好準備以便隨時切換情緒去面對工作」，並且機械式地冷處理！

3 以旁觀的角度看待浮現的創意

把資訊彙整的工作交給大腦的DMN，最後終於「浮現點子的瞬間！」也有一些重點要注意。創意靈光乍現時，我們不要成為思考的當事人，必須成為旁觀者。覺得「這樣或許不錯！」「這樣不行！」身處一喜一憂之間是不會迸出好創意的。

靈光乍現的瞬間，必須有能夠從外審視自己的「後設認知」能力。

所謂「後設（Meta）」，意思是指「高次元的」。用他人的角度觀察自己正在思考些什麼。這項工作主要是由大腦皮層額葉額極區（Frontopolar Area, Broca area 10）的部位進行。

為了不要錯過大腦隨意創造出的靈光乍現好點子，我們必須先進行「後設認知（Metacognition）」訓練。

▼觀察生理反應

進行「後設認知」，必須把意識從自己的大腦或是身體分離出來。這樣一來，我們就可以運用源源不絕的生理反應。

比如，請想像一下自己突然暴怒的場景。

衝動生氣時，會覺得自己是在毫無前兆的狀態下突然暴怒。這是身為一個情緒「當事人」的狀態。

接下來，為了要成為獨立思考的「旁觀者」，請找出自己在生氣之前所顯露出來的生理反應。如果無法想像，也可以試著不斷詢問自己「之前是什麼狀態？」

舉例來說：

暴怒↓轟隆一聲↓眼淚在眼眶打轉↓臉部發熱↓心臟撲通撲通跳↓手心發冷冒汗↓呼吸中止↓不自覺地抖動↓一直把原子筆弄出聲響

用這種感覺去追溯自己身體上會出現的反應，就可以知道自己在暴怒之前曾有哪些歷程。我們曾在談論維持專注力的地方提到，愈晚發現該歷程，就愈難恢復平常心。也就是說，如果在相當細微的反應階段就能夠注意到，就不用移轉到情緒階段。

在真實狀況下觀察生理反應，就是在進行所謂的「後設認知」。

如果發現自己會在對話過程中摸臉或是拉一下領帶，就要意識到當下的狀況，「我現在正在摸臉，代表我覺得這些對話內容很討厭」。若能意識到這件事情，往後就可以進行預測。

例如：「這樣下去，我就會開始把原子筆弄出聲響了。聽到那些話時，我彷彿呼吸中止、情緒難以平復，所以現在我要試著一邊深呼吸，一邊聊天」，就可以用這種方式調節自己的生理反應。

呼吸、心跳、手掌以及腳底溫度、汗水以及唾液等生理反應，稱作「情緒化」。

「情緒化」會表現在「一般情緒」之前。也就是說，**不是因為緊張而心跳不已，而是因為心臟撲通撲通跳造就了緊張的情緒。**

旁人無法確認「一般情緒」的存在。「一般情緒」是個人大腦製造出的非實體物。相對於此，「情緒化」這件事卻可以經由他人確認實際狀態。把意識擺在實際狀態上，即可觀察並控制自己。

∨ 觀察自己的大腦

觀察到「情緒化」的「後設認知」，接著也嘗試觀察一下流經自己大腦內的思緒吧！

比如，看到朋友上傳自己的醜照到社交平台上。知道自己被出賣了而生氣，憤怒與焦躁的情緒不停在腦袋裡打轉。

這種時候，如果可以進行「後設認知」，就會覺得「啊！現在我想起來○○之前說過的話了」「我覺得自己的權益被剝奪了」等，從其他觀點觀察這些浮現出的想法。

進行「後設認知」時，我們無法針對觀察到的想法去判斷該價值是好是壞，只能夠觀察浮動、流動的狀態。**因此，切割開思考與情緒，就不會失去平常心。**

例如：原本談論的是一些負面情境的話題，但是同樣的事情也可能引發靈光乍現。

如果對於浮現出的想法，帶有情緒地認定「就是這個！」往往無法注意到細節。沒有充分思考就繼續前進，只能看到思考的一部分，無法綜觀整體狀況。即使有新點子浮現，也無法進行好或壞的價值判斷，只能茫然觀望，任其流逝。出現真得很不錯的創意時，絕對不要有太高昂的情緒，應該要保持情緒穩定，好好沉澱，感受那個想法。

「後設認知」對於大腦內部的整理有很大的助益。

第七章

準備好，隨時都能起飛！
100%運用個人直覺的秘訣

1

讓自己成長的方法

∨經常預想下一個場景，再進行工作

並列處理型在整理或是工作方面，經常會遇到「交接」問題。

因為人事異動或是突然離職，截至目前為止皆以自己為主要執行者、沒有被其他人員看到的工作內容，終於有機會被揭露。然而，不知道必要的文件放在哪裡，沒有條列式整理好客戶的資料、沒有定期連絡，沒有留下往來的內容紀錄。

這些都是隱藏在並列處理型顯赫業績背後的部分，也是容易被身邊人們忽視的部分。他們在被主管要求工作成績的時候，應該也經常被唸：「請整理一下」。然而，直到離職才突然發現，根本連進行基本的交接整理都沒有，就直接走人離開了。

為了在進入下一個職涯階段的時間點能夠**更輕盈、更帥氣地展翅高飛，平時就要預想未來交接時會出現的狀況，並做出一些行動**。

∨參考「關鍵路徑」

我們並不是要談論任何人都可以取代你正在執行的工作，而是要讓其他人可以用另一種方法，達到你發揮個人特殊能力時的工作條件。

這時最有助益的即是幫助診療標準化的「關鍵路徑（critical path）」。

假設你身為一名患者，這裡有十位外科醫師，對於同樣的疾病有十種不同的手術方法，你覺得如何呢？不同醫師進行的手術結果可能會有所不同，自己所遇到的究竟是不是好的醫師，或許會讓人感覺是一場豪賭。而且這樣根本無法確保醫療品質。

因此，必須儘量讓這十位醫師的手術方法一致。

不過，我們無法確認每一位醫師的手術都能夠達到最好的「預後」。為了讓這個部分明確，可以採取兩種方法。

一種是要求這十名醫師執行「依目前信賴度最高的研究所得出的手術方法」。不論該方法是否符合該醫師本身的想法，都要求醫師們必須學習並且確實執行。

以個人的工作為例，也就是說你的工作方法必須完全受到他人指導、必須依照指示行動。

並列處理型遇到這種情況，往往不會露出好臉色。他們會覺得自己的強項、臨機應變能力以及創意訣竅等都無法發揮。如果身處於工廠，那也就算了。如果是必須以人為對象進行判斷的工作或是狀況，他們往往無法輕易按照標準作業流程做事。他們的想法是：「你又不知道現場的情形！」

為了解決這個問題，還有一種方法，就是在手術過程中，**先採取共通的、「有根據」的做法。**

假設十個人當中有八個人採取同樣作法，剩下兩個人也會採取相同的處理方法。因為會覺得大家都這麼做，作法一定是正確的。這樣的想法雖然非常粗糙，但因為是專業的團隊，根據專業的經驗或是直覺當場選擇的行動，有時候會比最新研究更具有說服力。

我在進行醫院的醫療行為標準化工作時，曾經遇到一件事。我們調查了手術過後，皮膚切割處的消毒情形。根據標準流程，應該要進行消毒才正確。但是，根據調查，我們得知其實很少醫師會進行消毒工作。

再者，我們還發現如果沒有消毒，傷口往往會比較快恢復並且能夠出院。傷口消毒的目的是為了不要讓細菌入侵，但是卻會因為消毒而一併殺死能夠幫助傷口癒合的必要細菌。根據標準流程進行消毒，反而剝奪了患者身體自癒的能力。

如果直接對那些會進行消毒的醫師說：「不要消毒，傷口會比較容易癒合」，他們可能不會理你。但是，如果傳達的內容是「幾乎所有醫師都不消毒，患者反而會比較早出院」的事實時，該名醫師下一次就不會再進行無謂的消毒，也不會指示護理師去消毒了。

在並列處理型看來，或許會很大膽地說出：「你看吧！現場判斷還是會比標準化流程來得正確」。的確，**那些需要臨機應變以及運用創意處理的工作，有時並不適用一般的標準化流程。**

然而，這件事情不能只有你做得到。既然是工作，即使會因對象不同而有所改變，仍必須確保一定的服務品質，所以**必須試著將你的工作「標準化」**。標準化的意思是要讓該工作具有「重現性」。

整理成「只要處於相同情境，就可以產生同樣結果」的標準化流程，即使對象或是地點有所改變，你的努力仍然可以幫助到很多人。

Check

把從個人獨特觀點找到的工作方法，「標準化」為他人可以使用的工作方法。

2

把行為建檔，找出「標準」

∨ 用這種方式建檔

如果東西容易不見，必然會造成工作效率下滑。雖然大腦已經進行模組化，但行為仍然無法配合東西擺放位置時，就會出現這種情形。**為了預防此情形，必須把自己的行為建檔、找出一套標準，再決定擺放物品的適當位置。**把自己當作是一名正在調查「自己」這種動物生態的研究人員。

不用想得太複雜，只要以「十次當中次數最多」的行為當作標準即可。實行後，就能夠打造一個最適合自己的房間或是桌面。模仿他人、經他人指點，得到的結果不一定符合自己的行為。透過桌面理論，以個人實際行為為基礎，才是最適合用來打造得以發揮自我能力空間的方法。

我們來思考一個單純的範例。假設信箱裡有一封信，你回家時順手拿信，然後踏進玄關，這時候你會把這封信放在哪裡呢？列舉出「放在鞋櫃上、放在餐桌上、放進包包」等行動，試著觀察十次當中分別會放在那些位置幾次，然後記錄數據。即使沒有實際計算，**也可以用大致的感覺填寫**。

假設填入數字的是鞋櫃四成、餐桌五成、包包大概一成，**最常放置的位置就是一種「量」的證據，也就是科學上最適當的擺放位置**。只要知道這個狀況，就可以在靠近餐桌的位置擺放剪刀、垃圾桶，即可在餐桌前拆開信件，並把垃圾丟棄。

將自己的行為模式以次數的方式回顧並且建檔，可以產生相當大的好處。你的行為並不是只有你才能做的特殊專業技藝。當工作成為一門專業技藝，當事人會沉醉在自我的存在價值，但是該項工作卻無法提供永續的價值。

身為一名社會人、企業人，我們應當持續發揮自我能力，並且建立一份能夠讓任何人重現該能力的檔案。只要完成建檔，當有機會翩然降臨，你就能毫不猶豫地抓住機會。因為一份有根據的檔案能夠讓任何人，包含自己知道該如何進行到昨日為止的工作。

首先**試著將自己的工作建檔**。例如，**將某一天的工作依照數量、次數、時間長短為樣本建檔**，「要查詢的東西有幾個？一天要確認幾次電子郵件？會專注思考幾分鐘？」等，**接下來連續幾天就單純地計算進行這些工作所用到的數據。**

這樣一來，你的工作就會形成標準化，並且能夠輕易重現最佳的效率。

Check

把自己平常的行為建檔，並以次數最多的行為為標準

3

把自己的能力建檔

∨寫出十次當中，會做幾次

選出一項必須獨自處理的工作。例如：和顧客預約拜訪會面、裁決企劃案、將一些難以委託給下屬的工作外包出去。可以是一些比較大型的工作，也可以是日常生活中瑣碎的事物。設定完成後，就再寫下執行順序或是要做的事情，並且依據各個工作項目寫下「十次當中，會做幾次」的數據。

預約拜訪

- 交換名片後，在今天之內發送電子郵件 →「通常會做，所以是**8**」
- 掃描名片後丟棄 →「因為是既定流程作業，所以是**9**」
- 對方若有回信，就詢問是否可以前往拜訪 →「依對方回信與否，所以是**3**」
- 把對方的電子郵件加入群組名單 →「不太有效果，所以是**2**」
- 製作成檔案資料 →「為了用於其他案件而建立，所以是**9**」

像這樣填入數字，**「7」以上的工作項目就是你截止目前為止的行為當中，較有科學根據的行為**。如果把該項目建立標準，就會是對職場有所幫助的業務標準流程，可以隨時交接給別人。此外，「交接」這件事情的意義是把你曾經的努力，藉由他人的雙手繼續回饋給這個社會。

Check

用數據回頭審視工作項目，消除無謂的摸索！

4 試著把「努力」這件事情「量化」

試著停止無法反映在業績上的業務

拚命努力加班，卻被主管說「禁止加班」之類的話，甚至還被說「請再更努力一點」，就會覺得「我還能再做什麼努力呢？我已經不行了」而感到疲憊不堪。

雖然本身很擅長發揮創意，卻經常覺得是被迫努力，而有很大的壓力。

當無法預測的狀況過多，大腦就會失去動力。

壓力的原因不是來自主管，而是因為製造了太多大腦無法預測的狀況。只要讓大腦可以預測，那些持續膨脹的壓力就會變少。

和那種每次都要想清楚才行動的人相反，並列處理型其實不太會記得自己是如何努力。

因此，並列處理型可以試著將自己的努力量化。

比如，被主管說「禁止加班」，他們可能會焦躁地認為「我為了提升業績這麼努力，究竟是誰給我這些不加班就做不完的工作啊！」**這裡所說的「為了提升業績的努力」，為了什麼要做多少事其實有點籠統，所以讓我們試著先把它們量化。**

列舉出平常從早到晚執行的業務內容。確認店面狀況、新商品開發會議、指導店員、製作傳單等，總之先把要做的事情全部寫出來。完成後，再寫出各項工作所花費的時間。比如「確認店面狀況：三十分鐘」「新商品會議：三十分鐘」等。

把寫下來的時間全部加總起來，就可以知道自己為什麼無法在業務時間內完成了。直接把這個狀況拿去找主管談，「禁止加班」不能只是個口號，必須訂定具體的因應對策，也就是可以達到的目標。

寫出要做的事情與必須花費的時間，在與主管面談之前，請重新檢視一次。這些行為真的全部都是「為了提升業績」嗎？即便是打算「為了提升業績而努力」，事實上，是否包含了一些對提升業績毫無貢獻的行為呢？

並列處理型的人面面俱到，為了當下而努力，往往會增加自己的工作量。**自己的行為是否符合那些遠大的目標？試著中止那些不符合的行為，如果行為符合又必須花費多少時間？將它們一一量化**，就可以確認自己是否真的過度努力。

假設你對「努力」所抱持的壓力，已經大到會干擾重要業務的程度，請轉換念頭「即使不舒服、即使不有趣、只要能夠確實做出結果就好。即使沒有隨時在眾人面前閃閃發光也沒關係」，**根據實際建檔的內容去壓抑過度努力的自己，其實有助於發揮你原有的能力**。

Check

預防自己燃燒殆盡，為了達到一定的結果，那些枝微末節的事情就睜一隻眼閉一隻眼吧！

5 不要努力跟沒有決定權的人說話

▼試著特意保持沉默，說自己「不清楚」

談話時，必須好好壓抑、駕馭那個經常很努力的自己，這件事情其實有秘訣。我們通常會在腦中思考「想要讓對方覺得自己很有趣」「為了讓談話更加熱絡」。如果你從事業務工作且經常覺得精疲力盡，你可能也有這個典型行為：很容易會對那些根本沒有決定權的對象熱情談話。

大腦內的能量有限，因此必須做出取捨。如果談話對象沒有決定權，確認「這個話題不應該發展到這裡」時，沉默也是一種策略。在尚未習慣時，或許會覺得沉默這件事讓人感到焦躁不安。

但是，只要試著特意沉默，應該就能客觀發現自己其實容易得意忘形。只要能夠進入「後設認知」（參照第200頁），發現「啊！我在這種場合會得意忘形！」就能妥善進行更高階的能源分配。

同樣，**也要有意識地避免勉強回答一些自己不清楚的話題**。在對方與自己的談話過程中，發現自己無法提供對方任何價值時，往往會想要聊一些對方不清楚的事物。這麼做反而會開啟自己其實也不太清楚的話題，假裝自己很懂。我們在第五章中提到，一般瑣碎的談話中很容易會出現「事後合理化」的情形，這也是並列處理型的特徵，為了努力與對方談話而產生的結果。

因此，**試著坦率說出「我沒有實際看到，所以不清楚」「我沒有見過那個人，所以不清楚」**。察覺自己會因為未知事物而感到焦慮，就可以幫助自己不再勉強，變得比較輕鬆。

Check

特意沉默或是使用「我不知道」，可以預防大腦能量莫名耗損。

後記

我目前針對諸多企業進行健康管理以及工作方法改革，提供職場進修課程以及顧問諮詢。我原本在醫院工作，遇到的患者全都是因為疾病或事故等才來接受治療，而我自行創業的目標是為了採取主動，防止疾病或事故，減少需要前往醫院的人們。

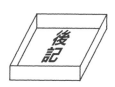

活動中，我們針對現場需求列舉出的是「整理」。只要是有徹底執行5S（整理・整頓・清掃・清潔・紀律）教育的企業，通常不太會有問題。目前為止沒有徹底執行5S的企業則會出現一些本書中所提到的「無法整理的人」，並且把他們視為麻煩。前來諮詢的是希望能夠變得「會整理」，但是這類問題的解決策略在於要先理解大腦類型。

本書特別針對並列處理型的大腦運作進行說明，盡可能淺顯易懂地提出並列處理型其實有比較適合的專屬整理方法。

我們應該要注意自己與身邊其他人的大腦差異、著眼於彼此的多樣性，並且尋找能夠運用、配合各個不同特徵的行動方法。

我們往往會不小心把自己的價值觀灌輸給對方，認為那些對自己而言淺顯易懂的方法，對方應該也很容易理解才對。關於這一點，因為大腦有不同的差異，所以必須打造出適合每一種大腦的環境、妥善引導出個別能力，也就是所謂的「神經多元化（neurodiversity）」、大腦多樣性。

曾經聽聞某間企業因為雇用殘障人士而引起關注。請殘障人士員工整理資料，結果毫無錯誤、做得非常漂亮，因為他們做得很棒，但是又會覺得用一視同仁的價值標準來評斷優劣好像有點奇怪。

有兩種方法可以發揮自己的能力。一種是要自己去配合現今的環境，另一種是自己去創造一個能夠符合自己的環境。本書期望能讓這兩種方法並存。特別是後者，我認為如何打造出一個符合自己的環境，對於並列處理型而言相當重要。這是一個能夠運用自己的力量改變成符合自己環境的時代。不是一般坊間制式的看法，而是試著打造出一個重視結果、最能夠發揮自己能力的環境。

期望諸位不要花費無謂力氣、溫柔而堅定地走出一條屬於自己的人生。倘若本書能對諸位有所幫助，我將不勝欣喜。

菅原洋平

國家圖書館出版品預行編目（CIP）資料

提高專注力的最高整理術：不費力、不雜亂的斷捨離，建立超強工作效率 / 菅原洋平著；張萍譯.
-- 初版. -- 新北市：智富, 2019.12
面；　公分. --（風向；104）
ISBN 978-986-96578-7-7（平裝）

1.注意力　2.成功法

176.32　　108017166

風向 104

提高專注力的最高整理術：
不費力、不雜亂的斷捨離，建立超強工作效率

作　　者／菅原洋平
譯　　者／張萍
主　　編／楊鈺儀
責任編輯／李芸
封面設計／林芷伊
出 版 者／智富出版有限公司
地　　址／（231）新北市新店區民生路 19 號 5 樓
電　　話／（02）2218-3277
傳　　真／（02）2218-3239（訂書專線）・（02）2218-7539
劃撥帳號／ 19816716
戶　　名／智富出版有限公司
世茂網站／ www.coolbooks.com.tw
排版製版／辰皓國際出版製作有限公司
印　　刷／傳興彩色印刷有限公司
初版一刷／ 2019 年 12 月

I S B N ／ 978-986-96578-7-7
定　　價／ 320 元

精彩好書推薦

5小時清醒力：日本醫師教你晨型人的大腦深度休息法

坪田聰／著

睡眠的好壞是由
「時間」×「品質」相乘決定
每天5小時的高品質睡眠，
讓大腦深度休息不僅減少睡眠時間，
更能一整天保持清醒腦力

職場小人操控心理學

片田珠美／著

江湖在走，底線要有；
帶點心機，暗箭自破
日本精神科醫師教你搶先看清小人技倆，
摸清這些人的思考模式，
藏好他們會攻擊的「弱點」，
從此不再受人擺佈！

聊天就能把東西賣掉 修訂版

箱田忠昭／著

雅詩蘭黛公司前行銷部部長、
聖羅蘭公司日本分公司社長、
戴爾卡內基班公認講師教你：
99%的人輸在不會表達。
培養雜談力，你也能成為金牌銷售！

辦公桌亂糟糟「奇怪，東西放到哪了？」怎麼找都找不到

每次下定決心整理，卻總是以失敗告終

難道，我真的沒有整理的天份嗎？

其實，整理工作不順利，是因為你的方法與大腦類型不合！

本書以作者擔任職能治療師期間的豐富經驗以及對於大腦科學的真知灼見為基礎，聚焦於不擅長整理者的「大腦類型」，以簡單具體的方式，介紹大腦的特徵和優勢，以及符合其認知特性的整理方法。

5S

作者更提出進階版的「5S法則」，是商務人士都推崇的工作技巧！這種劃時代且時效性高的方法，已經受到實證。不僅能讓辦公桌與大腦都清爽無比，能能有效提升專注力和工作效率！

1. 整理：節省選擇物品所消耗的能源
2. 整頓：不要讓大腦看到多餘的東西
3. 清掃：掌握微小的變化
4. 清潔：有助於健康管理
5. 紀律：控制情緒，自律的舉止

建議分類：整理、職場工作術

ISBN 978-986-96578-7-7

9 789869 657877

16830055
NT$320
世茂 出版集團